離巢的孩子，
分手的父母

年子女離巢又離心，
各自獨立，又能遠遠關心？

約書亞・柯曼 博士
Joshua Coleman, PhD｜著
趙盛慈｜譯

suncolor
三采文化

獻予我的父母親
史蒂夫與柯琳

和他們的父母親
羅伯特與伊狄絲
麥克斯與莉娜

以及所有渴望參與彼此生活
卻不得其法的父母、祖父母
子女、孫子女們

為顧及保密及隱私，書中所提個案皆彙編自不同的個人及家庭經歷，並非某一人或某一家庭的單獨事件。內文提及之我的個人家庭事件，基於保護當事人隱私的原則，人物名字同樣經過改寫。此外，我對往事的回憶，解讀上難免有錯誤或疏漏之處，這些內容在寫進本書前，已徵得當事人同意。

CONTENTS

目錄

前言 6

1 當孩子選擇斷聯，關係還有救嗎？ 25

2 造成疏遠的千百種原因 47

3 婚姻的終點，親子關係的轉捩點 69

4 應對心理疾病或成癮問題 111

5 心理治療與曲解的童年 135

6 性別認同、性向、宗教、政治與個性衝突 157

7 女婿、媳婦與邪教領袖 179

8 最相似也最陌生：手足疏遠 209
9 該把子女排除在遺囑外嗎？ 227
10 被遺棄的祖父母，被當作武器的孫子女 263
11 應對策略、介入手段和新常態 295
12 成年親子關係的新法則 327
13 如何療癒親子疏遠的傷？ 347
後記 368
致謝 379

前言

傷心、害怕、氣炸了。

我想，這幾個詞，或許是你此時此刻的心情寫照，也是促使你拿起這本書的原因——許久未與子女或孫子女聯絡，令你傷心；不曉得自己是否還會再見到他們，令你害怕；而被自己生養的孩子（尤其是全心栽培的那一個）如此對待，心有不平，讓你氣炸了。

或者，你拿起這本書是因為孩子想要和你斷絕關係，而你對此毫無頭緒，大受打擊。

又或者，你雖然曉得自己的確犯了些嚴重錯誤，但你認為那都是可以解決的衝突。「我們會像往常一樣克服問題，不必慌了手腳。」「他說的那是什麼話？什麼叫『需要讓親子關係暫停一下』？」「等等，我怎麼沒被邀請參加她的婚禮？」或「我怎麼沒收到見證孫子女出生的邀請？」

每一次我接受全國性媒體的訪談之後，就收到許多轉診病人，大量電子郵件如雪片般朝我飛來。這些信件來自被疏遠的父母親，他們異口同聲表示：「我還以為自己是特例！」這些父母不會跟朋友、同事談論被兒女疏遠的事，對自家人也開不了口，因為他們怕被批評，害怕有人對他們說出這種話：「你是不是對子女做了什麼？一定是什麼糟糕透頂的事。」

所以在本書開頭，我想告訴各位父母：**也許，會形成今天的局面，並不是你做了什麼**。雖然世上不乏有問題的父母，但聯絡我的父母之中，有許多人教育水準極高、為孩子犧牲奉獻、給予子女無限關愛，堪稱任何一代父母的楷模。他們讀過一大堆教養書籍、花大把時間栽培子女、給子女自己所不曾擁有的豐沛資源、不辭辛勞深究兒女為何焦慮、憂愁、學習能力差、自尊心低落、缺乏注意力，或有任何網路上查得到的病徵。他們用心傾聽、了解子女的夢想，提供一切所需，只為鋪設一條最安全有保障的人生坦途。他們為成為理想中最棒的父母，沒有一天不讓自己擔憂、愧疚、害怕、因睡眠不足而必須不斷補充咖啡因——成為「全天下最棒的父母」這個目標，早在兒女出生前，就盤據於他們的意識核心。

但這並不代表這些父母不會出錯。糟糕的是，每三、四年專家們就會改弦易轍，提倡不同的理想教養方式，讓父母如墜迷霧，不曉得哪裡出了錯：是那些可以從兒女表情變化中察覺的小問題嗎？是一味要孩子「不斷嘗試」所犯下的、有點嚴重但終究能取得諒解的錯嗎？還是嚴重程度如黑黃色危險物質警告標誌、足以斷絕關係的大事？

不管哪一種，想要化解疏遠、重拾親密並非易事。在這個世界上，你最珍視的就是兒女的想法和他們的愛。被如此深愛的人拒於門外，只有同樣遭遇親子疏遠的父母才能感同身受——不論原因為何，都令尋常生活變得搖搖欲墜，失去踏實感。本以為永恆不渝的溫馨回憶，開始被懷疑的念頭和自我批判所侵擾。明白自己離理想父母還差得遠的那一剎那，你就落入了痛苦的漩渦，不斷想著：要是我沒那樣說、那樣做，或沒寫下那些話就好了。

你可能會想：**這種事不可能發生在我身上**。我那麼愛我的孩子，孩子也非常愛我，我們怎麼可能無法克服這個問題？看看我們的舊照片，多快樂！

你發現，沒什麼比失去孩子的愛和關注更占據生活的每個方面，讓你一刻也無法忘記這件事。不論這份疏離是漸變或突然發生，你都會發現，此刻你的心中填滿關於孩子的畫面：將入睡的孩子環抱在臂彎裡搖晃、用孩子的祖母送的嬰兒巾將他裹緊。你的眼前浮現孩子初來乍到時的臉龐；你想起孩子用蠟筆畫的母親節或父親節卡片（你到現在還收著）；你回憶起孩子騎的第一輛單車，你在後頭推著跑，放手，看孩子沿街道輕鬆自在地騎著。

我能理解，因為我也有這樣的經驗，上述那些正是我的回憶。當女兒表明要和我斷絕關係時，回憶開始一一湧上心頭。

我女兒伊萊娜二十來歲時，一股腦兒對我說了很多我早就知道、卻害怕面對的話。她說我讓她很失望，說我沒陪伴在她身旁，說我有了和樂融融的新家庭，卻從未讓她感覺融入。她對我說，**我們的關係到此為止**。那是我這輩子最痛苦不堪、最不想再經歷一次的事。

二十五歲那年，我因為付不起學費，從舊金山音樂學院輟學，轉而就讀舊金山市立學院，在那裡認識了伊萊娜的媽媽朗達。當時那筆學費用現在的幣值來看實在沒多少，不過大概每樣東西都是如此。總之，上音樂理論課時我坐到她旁邊，跟她前一段婚姻生的五歲兒子互相扮鬼臉，僅僅六個月後，我們就同居了。「靈魂伴侶」這個詞終於在我身上產生意義。她是我歷任女友中最風趣聰明的一個，不到一年，朗達就懷孕，而我準備要當爸爸了。

當時我們沒結婚就有了小孩，不夠成熟，也沒做足準備，但我們仍然辦了場盛大的派對，攜手步入禮堂。我們在家迎接孩子的出生——儘管父親只是遠遠地在一旁涼快休息，由母親獨自流著血受痛生產——我在女兒奮力通過產道時，第一時間親眼見到了她小巧可愛的模樣。這趟短暫艱鉅的旅程將她帶來世上。她臉蛋通紅、雙眼瞇瞇、小嘴噘起，天藍色的雙眸像在問著：「你是誰啊？」新生兒的氣息和純真，使我感受到一股動物般的強烈衝動，好想將鼻子湊上剛出生的寶寶，用這方式與她產生聯繫。嬰兒不斷播送令人著迷的頻率，強力宣示新生命的誕生：保護我！

以父母角色彼此連結的朗達和我，結婚不到一年半就分居了。我從位在舊金山日落區外圍大洋灘附近的雙層公寓，一手拎可攜式嬰兒床，一手拎尿布包，搬到位於海特區中心一間無電梯的維多莉亞式公寓房屋和另外三人共住，床墊直接擺在地上使用。麗塔．拉德納（Rita Rudner）曾說，大部分單身漢只是擁有家具的熊，正符合我當時的寫照。我和朗達共同擁有伊萊娜的監護權，每隔一個星期的週末和每週三晚上，我可以見伊萊娜。一九八〇年代，家事法庭對於「父親也能讓孩子幸福」此一觀念並不熟悉，這是常見的安排。

但我很愛我女兒。她個性開朗、膽子大，不是隨便使喚得動的孩子。她對自己身上穿的衣服很有主見；只要一笑，就會仰頭。她能毫無畏懼地跟別人比風火輪小汽車——之後，從玩具車，變成在人行道上比輔助輪腳踏車；再之後，比兩輪腳踏車。我得加快腳步，才能追上她成長的速度。她很能適應我的平凡廚藝，我給的食物，她都照單全收。她總央求我編嚇人的睡前故事，故事中，由女主角來拯救大家。

伊萊娜七歲時，我再婚了，她的媽媽也再婚了。

礙於監護權安排的緣故，我一個月最多只能見她八天。她不在身邊時，我總是很想她。我們在一起的時光有限，我當然不希望相處時有壓力。「迪士尼老爸」這種刻板印象長期存在於社會是有原因的：假如你只能偶爾見孩子一面，誰會想用管教和爭執來破壞親子時光？「晚餐前再吃一支甜筒冰淇淋？當然可以！」「看限制級恐怖電影有什麼問題，限制級不就表示超級好看嗎？」「別管睡覺時間了，我們一起大熬夜吧！我送妳回家的時候會跟妳媽解釋為什麼妳總是那麼累。」

我怎樣都不想跟女兒起衝突；事後你要療傷、修補感情、澄清事實，那太浪費我們寶貴的時間。離婚後，你跟孩子相處的時光，和你沒能見到孩子的日子，這中間，會有可怕的事物乘隙而入。

你會面臨到另一個家庭的挑戰。即便你的前妻／前夫是個好人，但如果他們插手，還是可能破壞你跟孩子的關係。他們忽視孩子和你相處有多快樂，只聽見孩子的抱怨，並將再婚對象拉升到父母親的地位，把你貶為關係疏遠、無關緊要的叔叔／阿姨。

有研究顯示，比起父母離婚，父母再婚令孩子更難受。但再婚這件事，也會讓你的前妻／前夫不好受——不是因為吃醋，而是因為他們要面對另一個人奪走原以為永遠專屬於自己的角色。女兒第一次稱繼父為「另一個爸爸」時，我差點激動得要摑她耳光。

但我忍住了。我咬牙切齒地對她說：「親愛的，羅伯是妳的繼父，不是另一個爸爸。妳只有一個爸爸。」

「我知道。」她一面吃著葡萄乾穀片，一面接著說：「你是爸爸，他是爸比。」好像這句話足以解釋一切。

「不對。」我堅持。儘管我有多年心理治療經驗，仍無法冷靜地結束這次對話。「我是爸爸，我也是爸比。就像妳叫伊萊娜，小名叫萊妮。爸比只是另一種表示爸爸的方式，就像萊妮是另一種稱呼伊萊娜的方式。懂嗎？」

她歪著頭，用好奇的眼神看我。當時九歲、早熟的她知道，自己偶然觸及到爸爸不曾向她展現的弱點。

她媽媽後來嫁給我一個個性好、人品佳的朋友，要說誰有能力取代我這個爸爸的角色，非他莫屬。但即便如此，對情況也毫無助益。他們結婚後，我們的友情就淡了，因為現在，他站在我的對立邊。朗達和我不是「哦，我們繼續當好朋友，一起吃感恩節大餐吧！」那種前夫妻關係，我們比較像「嘿，謝謝你每隔一段時間就重新提醒我，當初分開是我做過最正確的決定。」我們沒有試著跟對方的配偶交朋友；我們已經分邊站好，再婚對象該扮演的角色沒有模糊空間。問題是，女兒必須兩邊兼顧。離了婚的父母再怎麼難為，都沒有孩子要關照離婚父母的需求和心情難為。

相處時間不多，所以我努力讓每一段親子時光具有意義。共同監護權意味著有許多接送路上的相處時光——接孩子、送孩子、接孩子、送孩子——好處在於：這是屬於我們的私密時光，沒有其他博取關注的人來打擾。

某方面來看，我們的親子關係在車上變得更緊密，因為不管錄音帶放出什麼歌，我們都為之著迷。我們父母親那個年代的音響，老是播放氣氛慵懶的鼠黨音樂。到我們這個年代，孩子們不一樣了；他們真心喜歡我們的音樂。我們父女倆一起聽音樂，尤其愛聽那種很吵的歌；女兒進入青春期後，我們更愛一起聽激昂的歌。很多話不必說，放音樂一起聽就夠了。我們的音響播的不是聲音花園（Soundgarden），就是齊柏林飛船（Led Zeppelin）、全民公敵（Public Enemy）、吐派克（Tupac）、九吋釘合唱團（Nine Inch Nails）的歌。

後來，四十歲那年，我生了一對雙胞胎兒子。這時的我比以前成熟，也對為人父母更有準備。當全職爸爸照顧孩子是很療癒人心的經歷，我可以每天早上一起床就看見兒子，每天晚上哄兒子睡覺。但這件事卻默默凸顯出我對女兒的缺憾與不足。三個孩子，兩個得到妥善照料，一個鮮少花時間栽培，這樣我算得上是一個好爸爸嗎？即使監護權協議是法院的安排，我依然非常自責。我覺得自己違背了將她帶來世上所許下的承諾；我說過，會時時刻刻在她身旁，保護著她，但現在，我的孩子被一個她稱為爸比的人照顧著。

在她即將邁入十五歲之際，我對她的想法和感受，一點也不了解。我從她在媽媽家接聽電話的聲音中，聽得出她覺得無趣、心不在焉、情感疏離、心情煩躁。她是在生我的氣嗎？是不是她媽媽說了我什麼？她在學校發生什麼事了嗎？是不是吸毒了？還是交男朋友了？我不曉得。我應該要知道自己的孩子出了什麼狀況，但我不知道。

我希望能有多一點時間跟她相處，於是我又回到法院，爭取全時監護權。但我失敗了。法官認為沒理由改變他認為可行的監護權安排。我問：「哪裡可行了？」他說，因為我跟孩子的媽媽處不好，更改監護安排會讓伊萊娜更痛苦。我說應該反過來才對，增加我的監護時間對大家都有好處。法官態度堅決，我無功而返。

又過三年，十七歲的伊萊娜不顧法院的安排，搬進來跟我和我太太一起住。我的祈禱得到了回應，我終於能當個完整的爸爸。我把和她媽媽結婚時彈奏的吉他送給她，她學會彈奏許多年前我在音樂學院就讀時寫的一首古典風樂曲。我們像以前那樣，總是逗得對方哈哈大笑，帶對方認識新的樂團。我們彷彿獲得重新開始的機會，在這個新的契機中得到療癒。

但女兒住進來以後，事情並非完全如我所願地發展。儘管我的太太大部分時候都很有耐心，但夾在雙胞胎兒子製造的混亂和伊萊娜的需求中間，她也失去了平衡；我則不知道在女兒感覺無力、心情抑鬱時該怎麼跟她溝通。她再次意識到，自己沒有從父母親身上獲得公平的對待。

後來我送她去念大學，從中短暫得到一點鼓勵。我覺得，自己真的就像一個在陪女兒打點事情的爸爸。但有一部分的我知道，她並沒有真正準備好邁入人生的下一階段。她從未身處在安穩的家庭環境——如同我的雙胞胎兒子所擁有的——她從未感受過，自己是無可動搖的第一順位。

後來，她二十二歲，對我說了這些話。她說，從小到大，她都沒有感覺到自己在我心中是第一順位；她沒有感覺到自己被珍惜、是特別的、重要的。也許是因為回想起來太痛苦，我記不清她究竟用了哪些詞。我只記得，她很生氣、很真誠、很痛苦。

我向她解釋，替我自己說話；我把事情合理化，把過錯推到別人身上。這麼做當然沒用，她甚至離我更遠了。

接下來，什麼都沒了。我們和她失去聯絡；她不回電話，也不來探望我們。

就像一臺車頭也不回地駛離，一路衝向懸崖。一直到好幾年後，我們才又重新聯繫上。

你的故事也許和我的類似，又或者不一樣。也許你沒有離婚；也許你的親子關係在兒女結婚前，或在他們生孩子以前都很好；也許在孩子開始接受心理治療以前都還不錯；也許這些都不符合你的狀況。無論哪一種情況，因親子關係疏離而不知所措的你，亟欲找出答案。

所以你去找各式各樣的專家。他們可能對此一無所知，提供你看似明智的建議，卻導致情況更糟。例如，告訴你：「這只是一個過程，給他一點時間。」「你要提醒她，你對她種種付出，要她至少該撥通電話給你。」「你應該直接過去找他們，要他們見你！」於是，你給自己挖了個洞跳下去，卻不知該如何爬出來。

我懂你的感受，因為我也收到立意良善、卻非擁有充分資訊的建議。我不怪任何一個給出不良建議的心理治療師、朋友或家人，因為疏遠關係並不像人生中大多數可能發生的糟糕事件；它仍然是人們多半避而不談的問題。市面上充斥各種探討婚姻、離婚或憂鬱等常見問題的書籍、文章、網頁，卻鮮少有人談論疏遠的親子關係。

或許是我運氣好，為我提供從業建議的諮商師，不僅高明地指點我解決各種棘手個案，更化解最困擾我的事，也就是令我本人心碎不已的親子疏遠關係。經過一段時間，我在她的建議下，找到了與女兒和好的方法。我的前一本著作《是誰傷了父母？：傷心父母的療癒書》（*When Parents Hurt*）幫助為人父母者走過疏遠的悲慘困境。我的目標是幫助他們不犯下和我一樣的錯，讓他們像我最後做到的，找到化解疏遠的方法。由於本書大受歡迎，我在美國和世界各地有了一大群父母粉絲，每個星期和他們透過探討疏遠關係的網路研討會聯絡交流。我沒辦法逐一回覆每天收到的電子郵件和問題，於是開始在每週一為被疏遠的父母們開設免費問答時間，這個活動一直持續到今天都沒中斷。我也與前來加州奧克蘭市求診的父母，以及海內外的父母和專業人士交換意見。

前作出版後，父母們與我分享哪些做法行得通、哪些行不通，以及如何終結痛苦，你將在書中讀到這些父母的心聲。這幾年下來我學到的實在太多了，希望你也能從中受惠。

關係疏遠，一定是父母的錯嗎？

父母來找我諮詢時，我不會先入為主地假設成年子女提出斷聯要求是否為父母的錯。有時候，儘管事情顯然不是父母親所說的那樣，他們還是會將自己理想化。我常常要到看了成年子女的信，或和他們談一談，才發現父母對他們的疏遠需求推了一把。而有些時候，父母顯然很明理，造成這樣的局面，成年子女或他們的配偶問題比較大。

更複雜的一點是，疏遠的原因，有時涵蓋範圍極廣。每個人的個性、經歷、挑戰或遺傳因素本身就很複雜了，還會和其他人的個性、經歷、挑戰或遺傳因素互相影響。**衝突和疏遠並非因果，更像回饋循環，讓父母、成年子女或其他想要介入紛爭的人，不停放大最糟糕的直覺認知。**

討論疏遠關係之所以不容易，一部分原因在於，美國文化中的部落性影響了現代人的家庭關係。你到以疏遠的成年子女或父母為主的論壇上待個幾分鐘就會看見，論壇上的意見相當排外，有如現今政治氛圍，左右派壁壘分明。

這是新的場域。你不曉得該如何與成年子女互動，不是你的錯。但如果想擁有不一樣的親子關係，你必須有所改變；想要化解疏離，你必須採取不同以往的態度。這並不容易，而且坦白說，我的方法不見得適合每個人。曾經有家長不願找我繼續諮商，因為他們拒絕透過我認定的關鍵方法，向子女遞出和解之手。我也拒絕過家長的諮詢，因為他們其實是想利用家庭治療，達到怪罪成年子女的目的，而非同理或擔起責任。

要採納我的方法，家長本身必須要有意願，還要拿出一定的勇氣。你必須努力用兒女的眼光來看自己，並主動發掘兒女所言之中、那或許正確的一點事實。即便你認為他們的想法、觀念或指控一派胡言，或是受到了心理治療師、你的前妻或前夫、子女的配偶所慫恿，你都必須從這裡開始，說：「好，我們一起來看看問題在哪。」不是要去證明兒女做錯什麼，而是理解他們如何到達這個狀態，以及他們為何選擇不待在你身邊。

有些父母的確在孩子的成長過程中只有破壞，毫無幫助可言。從他們一貫的行為方式，不難理解保持距離何以是成年子女所能採取的最佳策略。但是，這一群陷入沮喪感、無力感甚至暴力，在無限循環中打轉而無法獲得支持與理解的父母們，沒有任何人去告訴他們該怎麼做。現代父母與成年子女間普遍形成平等關係，而這一群父母往往最缺乏平等親子關係溝通所必備的高超技巧——也就是，必須具備同理心、自我意識和自省能力。這些傷心、不幸甚至帶來破壞的父母親，也應該得到我們的幫助和理解。

對成年子女說：「離開他們，保護自己就好。把心思放在自己的需求，放在另一半、朋友和孩子身上，讓父母為自己的不當教養付出代價。」是最佳建議嗎？在經濟、社會或心理支持不足的情況下，而無法成為理想父母的人，先不說他們的兒女，光以局外人的觀點來看，這些家長真的完全不該被同理嗎？

我認為事情並非如此。

誰最需要這本書？

這本書寫給所有與成年子女或孫子女斷聯，深感痛苦的父母或祖父母。雖然讀者主要是父母和祖父母們，但成年子女也可以從中找到看事情的新角度，或許能因此同理、了解父母。疏遠關係使人痛苦、不知所措，且情況往往錯綜複雜，沒有一體適用於所有人的解決方案。

本書第一部分討論形成疏遠最常見的原因，包括不當對待、離婚、心理疾病、現代心理治療師對疏遠關係的影響，以及價值觀和個性差異。

第二部分書寫親子失和的父母和祖父母的常見情況。與孫子女失聯的祖父母經常絕望地來找我，他們會問：「我還會再見到他們嗎？」在這部分，我分析了孫子女為何經常淪為成年親子疏遠的受害者，並為被疏遠的祖父母們提供建議。我也會在此討論手足關係，以及長期存在的衝突如何演變成疏離，久久無法化解。由於親子失和經常來自父母與子女配偶間的衝突，所以我也用一章的篇幅探討這層複雜又難以處理的關係。

最後一部分是我根據四十年執業經驗研究出的因應策略，以及我個人針對成年親子關係彙整出的準則。這一部分說明為何不懂這些道理可能使你陷入長期親子失和，也探討維持幸福人生與平靜心靈所須了解的重要議題：如何度過令人觸景傷情的假日、如何彌補關係、如何應對非尊重行為和粗暴的對待、如何療癒傷痛等。

根據我的執業經驗，了解親子失和的社會成因能幫助父母感覺不那麼孤單、愧疚、抬不起頭。我在書中納入最新的研究結果，帶領讀者認識現代家庭的變化，以及這些改變如何同時帶來更高的失和風險與化解失和的潛在力量。我也知道，讀者希望得到幫助他們療癒傷痛的工具，所以每一章都會附上案例研究、作為探討架構的相關研究，以及一些老派卻實用的建議。

我在這十年的執業生涯中遇到許多親子失和的父母，這讓我不禁想，自己是否發現一個新的社會趨勢——我們是否正在經歷日益嚴重的疏離問題？我在寫書過程中發現自己需要更深入挖掘真相，於是我致電各地處理家庭和年輕成年人問題的同業，發現他們的觀察和我一致。我開始閱讀大量心理學、歷史、社會學、經濟學的相關研究和書籍，也和威斯康辛大學麥迪遜分校合作研究。

我的任務是幫助你找到化解失和的有益對策。雖然總有例外，但普遍而言，我相信和解好過疏遠。不僅對你，對整個社會都有好處。若無和解可能，我希望能讓你知道，如何將沒有孩子參與的人生過得健康快樂。

1

當孩子選擇斷聯，關係還有救嗎？

有時親子失和與父母關係不大，有時父母則須承擔大部分責任。

勞夫找我幫他調解與兒子的疏遠關係，但他不喜歡我給的建議。他不願意相信，兒子的看法不論有多刺耳，其中都有一些真實成分。事實上，我認為兒子對他的評價相當中肯：身為加州地產開發商的勞夫，總是板著一張臉，以自我為中心，過於看重自身意見。他希望兒子感謝他、尊敬他，但這件事始終沒發生。更嚴重的是，勞夫相信，既然他是兒子的金主，他就有權定義兩人的父子關係。

法蘭克告訴我，他覺得自己在爸爸的掌控和主導下長大。舉例來說，勞夫對法蘭克大學想念文科很不滿，他威脅，假如法蘭克不修讀他所說的「能賺錢養家」的務實學科，就要中斷對他的學業資助。法蘭克的個性比較像媽媽，愛念書、離群索居、受藝術吸引，拿到商業理學學士學位後，沒多久，又重返校園攻讀英語文學碩士。他在積極接受心理治療後，終於勇敢拒絕父親的相處要求。他也向父親表明，不可能對那得來不易的空間做絲毫讓步。

第一次和法蘭克碰面時，他說自己跟媽媽感情很好，但始終對爸爸很失望。直到開始接受治療，他才把心裡那股沒有價值的感覺，與他跟爸爸的關係連結起來。「我只是不想再去逃避那些感受，實在糟糕透頂。我受夠他用那樣的方式對待我。自從不跟他聯絡，我的壓力減輕很多。我跟媽媽的關係沒問題，但她基本上都是聽他的。你見過我爸，應該能懂。」

我懂。

我通常會讓失和家庭進行二到五次療程。來找我的案例，大多是父母被成年子女切斷關係，正在尋求和解辦法。我會在初次會面時，問他們小時候的成長歷程，了解他們是否正在重演童年經歷，或往事是否持續造成影響。我也會從父母的觀點，詳細了解成年子女的成長史，包括他們的學業表現、社交生活、藥物或酒精濫用、虐待事件、以前或現在參與的心理療程、學習障礙、精神問題等。我知道父母不是診斷師，我只是想知道，父母是否了解子女的長處、弱點、性情、洞察能力和反省能力。

父母自身的童年經歷、與孩子的過往互動經驗，以及在面談中提到的其他弱點或限制，當然有可能影響他們的觀點。他們聲稱成年子女太敏感或戒心太強，有可能是誤判，因為他們不曉得，是自己激起對方的防備意識。

我在第一次會面時，建議勞夫對兒子做點彌補。我強調，法蘭克表示除非父親多關心他對親子關係的感受，否則兩人很難重修舊好。顯然法蘭克從小就覺得父親管太多，只會批評他。

勞夫生氣地說：「我沒什麼好道歉的。他去念好學校，一毛錢都不用自己出。我替他們買了間房子，他太太竟然連話都不跟我說。孫子念大學的錢我都留了，現在甚至不讓我去探望他們。我究竟有什麼需要道歉的？不如這樣，要他們為上一次我去他們家時咒罵我道歉，如何？」

「聽起來你為他做了很多事。」我說：「我同意你說的話。」我真的同意。但這半個世紀來，父母親在孩子身上的投資，報酬率已大不如前。無論如何，父母都無法再要求孩子禮尚往來，回報他們付出的時間和金錢。

勞夫的太太瑞秋是名安靜嬌小的女性，她難過得不得了。我問她對親子失和的想法。

「喔……」她慢慢吐字，彷彿在集中回答的力氣。「我不知道。我只希望一切能夠結束。我的孫子還是小寶寶，我不知道他們怎麼想，但我真的好想他們，這對他們並不公平。他爸和他，兩人簡直一個樣。」她微微笑了一下。「都只顧自己，有點過了頭。」

我能理解為什麼有些人會懼怕勞夫。他人高馬大，總是一意孤行，要別人贊同他的意見。高大的身材、氣勢洶洶的說話方式和傲慢態度，很有可能讓另一半望而生畏，更別說他的孩子了。但我也發現，勞夫和許多親子失和的父母一樣，被不是自己製造的世代特性困住。

我問他童年過得如何。他說：「你知道嗎？我小時候沒有人給我任何資源。我家老頭就只會打我屁股。他絕不可能打電話對我說：『哎呀，兒子，對不起老是打你屁股。你還好嗎？』他是個壞脾氣的臭老頭，但我們還是會去看他和我媽，因為家人就該這樣。」

瑞秋歉疚地對我笑了笑。

「他也成就了今天的我。所以儘管他是個可惡的臭老頭，我還是認同他的功勞。我和一群建築工人開會，還有跟扣住建造許可的混球講電話，我把東西統統寄給他們，都寄十幾遍了，難道他們有在乎我的感受？我看不出那對事情會有什麼幫助。」

「我了解。我想，許多來找我的父母都有相同感受。」我說：「但看樣子，你做事的方法並未產生你希望的結果，對嗎？」

「對。」他不情願地說。

「所以我認為，除非我們能幫你改變為人處事的方法，否則你不太有可能再見到他或你的孫子。你兒子在跟我個別會談時說得很清楚了。」

多年經驗告訴我，父母對這個建議的反應非常關鍵——亦即，他們是否能做到，即使子女的不滿意見或看法與他們的想法有所出入，也能發揮同理心——往往決定了他們能不能再看見自己的孩子或孫子女。

「我才不會向他道歉。不可能。有什麼好道歉的？」

瑞秋用厭煩的表情看著他。我看得出來，她早已對這樣的互動方式感到厭倦。她拜託他態度放軟一點，戒心別那麼重，而他斷然拒絕。在我為夫妻檔諮商的經驗裡，在先生放棄許久後，媽媽通常還會繼續嘗試。我遇過許多傷心不已的媽媽說類似的話：「少了孩子和孫子女，人生就失去意義了。這要我怎麼活下去？」這個狀況促使她們不斷嘗試，有時候甚至努力過頭，對誰都沒好處。而有時候，媽媽們之所以繼續嘗試，是因為她們曉得，兒女唯有看見改變，才會願意和解。

媽媽願意堅持下去，可能是因為社會上仍然認為女性對家庭和諧負有較大的責任，因此女性難以讓自己擺脫窠臼。男性也在疏離關係中深受傷害，但或許因為社會並未在這個議題上著墨爸爸的角色，所以他們比較沒有身分認同的問題。而且不像媽媽們，爸爸們或許認為，放棄和解展現了他們的傲氣和男子氣概，而非自私的表現。

就勞夫的例子來說，我也察覺，他在用敵對情緒和粗魯舉止，來把被兒子拒絕的難受和羞愧感阻擋在外。

我再次嘗試，對他說：「你不一定要道歉。比較像是告訴他，你不曉得自己在栽培他的過程中傷害了他。現在的你知道了，希望用不同的方式跟他溝通。你不必說自己是個不好的人或不好的爸爸，只要告訴他，你的做法對他造成了『不是你所希望』的影響。」

瑞秋滿懷希望地看向先生，想知道這個新方法有沒有打動他。她說：「聽起來是個不錯的說法。」

但勞夫的態度並沒有放軟，反而更強硬。「我就是要他怕我，我要他堅強起來。真是個只會抱怨的媽寶。」

「他才不是媽寶。」瑞秋小聲地說。我從話中聽見先前沒有的憤怒。「他跟你不一樣。不是每個人都像頭蠻牛，用橫衝直撞的方式過日子，把擋在面前的人一頭撞開。他只是有一顆溫柔的心。你為什麼不試試柯曼博士的建議？」

我感覺到勞夫變得更加防備。我不希望療程朝這個方向發展。如果被指控的父母小時候也曾遭受不當對待，要他同理兒子對不當對待的怨言，這有點危險，而勞夫顯然有被不當對待的經驗。對某些父母來說，同理孩子的指控會產生滑坡效應，帶他們觸及長久以來避之唯恐不及的過往傷痛或恐懼。他們的潛意識裡有一套基模（schema），告訴他們，那些事最好全部藏好、絕口不提：我像老爸那樣把他養大，我都沒事了，他也應該要沒事。

連我也開始覺得受挫。遭遇親子失和的父母，大部分不惜上刀山下油鍋，想盡辦法與成年子女進行家庭治療，但勞夫似乎連最基本的都做不到。我替瑞秋感到難過。她沒有勇氣告訴先生：「沒有什麼比讓孩子和孫子回到身邊來得重要。如果你不試著改變，我就要離開你。再不然，我也不讓你好過，直到你投降，照我說的去做為止。」有時，你必須在婚姻關係中運用權力，來得到需要的東西。成年子女的疏遠，某些時候，會促使夫妻當中的一人使用那樣的權力。

我說：「聽起來，你們和許多夫妻一樣，對如何處理這件事沒有完全達成共識。感覺起來，法蘭克的不滿目前主要是針對爸爸，對嗎？」我試著和瑞秋直接搭上線。

瑞秋不說話，讓勞夫主持大局。

「她想怎麼做都可以，隨便她。我沒有攔著她，不讓她去見他們。我跟她說過。」

「那個。」瑞秋開口，反覆說著一句顯然套好的臺詞：「我覺得我們應該要立場一致。」

我表示：「你們可以立場一致。但有時夫妻其中一方可以和孩子另外建立和平關係，為另一方搭起未來的和平橋梁。在我看來，隔閡愈小愈好。」

勞夫對我的建議聳聳肩。在瑞秋眼裡，顯然是一種不認同。她說：「嗯。」並再次看向他。「我認為，這件事我們應該要站在同一陣線。」對她來說，違抗另一半是背叛，不堪言狀。

我說：「好，我知道我要求妳做的事情並不容易。跟妳兒子談過之後，我真心認為能夠幫助你們。但這扇門正在關上，而有些門不會再輕易打開。我希望能幫你們扭轉局面，但路只能走到這裡了。勞夫，你的父母沒有跟你和解，而你依然選擇待在他們身邊；或許你的祖父母也沒有替你父母那麼做，但我猜，他們還是繼續往來？」

勞夫說：「沒錯！」

「所以我能理解，你不願意做沒有人為你做過的事，尤其是，你給了兒子比別人給你還要好的生活。這說不上是公平，但現代家庭跟以前大不相同了。我的經驗顯示，多數選擇改變的父母都覺得，如果能讓孩子和孫子女回到身邊，那這樣做就是值得的。」

我和勞夫、瑞秋又談了幾次，但仍舊沒辦法幫他們和法蘭克和好。不是身為兒子的法蘭克不願意和解，而是他不願意依照爸爸提出的要求和解。

和解的起點

另外一個找我幫忙的家庭，就有非常不一樣的結果。二十六歲的卡琳娜是一名在奧克蘭工作的軟體研發工程師，心理治療師將她和媽媽轉介來我這邊，希望嘗試母女一起進行治療。她是個溫暖好相處的人，能自在地與治療師密切合作。她坐下來，為了健身後沒換裝就過來而向我道歉。跑步鞋、瑜伽褲和排汗透氣連帽上衣已經成為舊金山灣區的標準女裝穿搭，我只是微微笑，說了類似家庭治療前一定要正確暖身之類的話。

我問她治療的目的是什麼。她說，她也不確定是不是真的想跟媽媽一起做家庭治療，而且她懷疑自己真的該這麼做嗎？「我能理解媽媽的童年過得非常不好，我真的懂。沒有人應該有那樣的童年經歷，但她無權以此要求我跟她培養我並不想要的親子關係，這對我的婚姻造成很大的壓力。每次我跟她講話或去探望她，都需要一個星期來讓自己恢復正常。這個，你看這封電子郵件。」她邊說，邊把手機遞給我。「就像這樣。」

親愛的卡琳娜：

我實在受夠妳和妳弟那種自我中心的鬼話。這三年來，妳連紆尊降貴地回電話給我、邀請我去看我的孫子們都不情願，這已經夠糟糕了，我現在還得聽妳訴說童年過得多苦？笑死。妳知道嗎？比起我的成長經歷，妳的童年根本輕鬆得要命。妳哪有什麼辛苦童年。我去看妳的每一場足球賽、校園話劇演出，現在還要去聽我們的關係如何帶給妳龐大壓力、傷害妳的婚姻？拜託，我不知道心理治療師跟妳說了什麼，但如果他要妳這麼做，我真懷疑他有什麼毛病。我呸。

媽媽

「措辭真嚴厲。」我邊說，邊把手機遞還給她。

「我現在真的束手無策。我已經一年沒跟她說話了，我真的很不想跟她講話，這讓我覺得自己是很糟糕的人。但沒有她參與我的人生，我真的會比較快樂。我是不是很壞？」

有時候成年子女來找我，希望盡責任謹慎了解狀況，判斷與父母疏遠是合理的做法，還是自己對他們太苛刻了。我並不認為成年子女有義務與父母維持關係，尤其是有虐待情事的家庭。不過我認為，**父母和成年子女都應該花時間，嘗試同理對方的立場**，**了解能否建立讓雙方都更滿意的關係**。父母應該要嘗試，因為父母對此責無旁貸，你一旦成為父母，就永遠無法卸下這個頭銜；成年子女也應該要嘗試，因為努力克服童年問題能奠定良好基礎，以利日後培養健康的人際關係和教養能力。再說了，教養子女很多時候有如瞎子摸象，某些貌似對子女有益的決定，最後變得愚蠢、自私或具有傷害性——父母們需要改正的機會。

但直面令你受傷的父母亟需勇氣。我從卡琳娜的話中聽出，顯然她的媽媽——也許是出於愧疚，也許是缺乏問題意識——想要淡化教養方式為卡琳娜帶來的痛苦。卡琳娜說了許多媽媽經常刻意使她羞愧、羞辱她的事件，情況在她青春期時特別嚴重。這讓卡琳娜長大後非常焦慮、沒安全感，日常生活中，總脫離不了這些錯綜交織的情緒。

在羅素．班克斯（Russell Banks）的小說《苦難》（*Affliction*）裡，主人翁是一名被父親苦苦折磨的兒子。故事最高潮，他縱火燒死父親。父親臨死前站起身的模樣，展現使人畏懼的高度和權力。那一刻，班克斯描繪的正是某些父母長期支配子女的精神生活，往往連子女成年了仍不放手。主人翁殺死父親，幻想父親帶給他的內在折磨終於有了盡頭。

成年子女疏遠父母，經常是為了像這樣脫離父母的長期掌控。許多成年子女表示，不論脫離有多痛苦，唯有與父母斷開，才能自己控制人生。成年子女需要確實知道，當他認定和解並非好辦法時，還能夠返回原先的疏遠，再次拉開距離，這樣才能考慮與父母和解。

被疏遠的父母經常無法理解，為何身為治療師的我要深刻同理成年子女對父母的看法。他們擔心，我會接受由子女的配偶、子女的治療師或父母本身的前妻／前夫勾勒的印象，而這關於他們的印象是錯誤、扭曲或不公平的。但我有理由去同理成年子女們；這麼做最後可以幫助被疏遠的父母。事實上，除非覺得自身利益受到保障，而且帶領他們踏入戰局的人——也就是我——能擋下父母可能帶來的傷害，否則沒有成年子女會願意踏進診間。

也有許多採疏離關係的成年子女擔心，假如同理父母的想法，是不是會因此無法順利表達心聲。他們擔心，一旦去揣度父母被親子失和傷得多重，會因此內疚，害怕自己出於內疚與父母和解，而非真心願意這麼做。他們擔心，同意恢復往來，等於給父母再次傷害的許可。他們也擔心，對抗父母權威所需要的勇氣，會被對父母的責任感給擊垮。

我看得出來，假如卡琳娜的媽媽真心嘗試改變，卡琳娜是有能力原諒她的。卡琳娜同情媽媽的境遇，對兩人的疏遠關係有愧，也很清楚雙方遭受的情感傷害。由於卡琳娜本著審慎行事、釐清問題的精神來找我，我建議她們可以先嘗試幾次家庭治療。我強調要由她來定義該如何維繫跟媽媽的關係，例如：兩人見面的時間長短和頻率。我告訴她，可以要求媽媽為曾經帶來的傷害負責，這是合理的和解條件。我說，同意進行家庭治療並不代表有義務在療程外的場合恢復聯絡。我也強調，之後如果雙方還要繼續見面，我們會一起想出依循準則。

讓父母學會新的溝通語言

我終於見到卡琳娜的媽媽辛妮時，她遲遲不願起身和我打招呼，看起來好像還在考慮是否該跟我會談。她費盡千辛萬苦站起身來，花了點時間把報紙摺好、塞進包包，低著頭跟我走進診間，一副要受刑的模樣。進入診間後，辛妮坐在沙發上，看著我，開口說：「我猜你已經聽了很多關於我這個媽媽多糟糕的事。」語氣混雜了害怕和不屑。

我露出會意的微笑。「我的確聽了些很不滿的抱怨。」

「就知道。我聽了一堆，想也知道她會跟你說。」她在觀察我什麼時候要開始審問她。有時候，沒看過我的書的父母會以為，一坐下，就要開始聽我說教。

我繼續營造輕鬆的氛圍——這是我在家庭治療時喜歡維持的感覺。我會試著讓氣氛輕鬆，但從不表露輕蔑態度。我不會說：「喔，那也不算太糟糕。」而是說：「對，人生有時很有挑戰性。對吧？」我相信父母親是真心想為孩子做到最好，即使他們的行為對孩子傷害至深，也是他們認為最好的做法。這個大前提讓我能以關懷的心支持這些家長，包括正在減輕不佳行為影響的父母。

辛妮告訴我，她在佛羅里達一個失序暴力的家庭長大。爸爸有時會無預警毆打她的腹部，告訴她：「那是為了不讓妳繼續胡思亂想。」他被診斷出有妄想型思覺失調症，經常出入心理治療機構，最後在四十二歲自我了結。媽媽殘忍地拿辛妮的體重、外貌和長得好看又上進的姊姊們比較，不時語帶輕蔑地說辛妮是她生的「醜小鴨」。

辛妮用不值一提的語氣訴說過往困境，拒絕接受我顯露的關心。「天啊，都那麼久遠的事了。」她說：「有很重要嗎？我已經好多年沒想起那些事情了。」我說很重要，因為童年的對比經驗可能讓她無法理解女兒的抱怨。我指出，感覺父母沒敞開心胸愛她，一定也讓女兒的拒絕態度顯得更不公平。她面帶懷疑地看我，不解我探究這些事的用意。

接著我告訴她，我也被女兒疏遠過。這勾起了她的興趣。

我通常不會對個案談自己的經驗或內心掙扎，但我會對與成年失聯的父母談一談這些事。曾經與女兒疏遠、最後和好的經驗，讓我與這些父母站在相同的立足點上，並非另一個自稱無所不知的父母或心理治療師。

被人理解和不被責怪的感覺，讓辛妮能夠去思考「承認女兒的痛苦」是否有其價值。更重要的是，能夠接受這麼做也許不會讓女兒有更多恨她的理由，反而是建立父母威信的唯一道路。

泰拉．維斯托（Tara Westover）在自傳《垃圾場長大的自學人生》（*Educated*）提到，讓媽媽承認對她疏於照顧，是有力量的。

> 我只知道：當媽媽告訴我，她從來沒有成為自己希望成為的那個媽媽。這是頭一回，她符合了那樣的期許。

但對大部分的父母來說，坦承並不容易。他們很難開口對子女說：「對，我辜負了你，我傷害了你。我讓你失望了。」這麼做會讓怦怦跳的心臟暴露在外，讓子女有機會給予致命一擊。至少父母們感覺如此，我曉得。

這對父母和成年子女來說都是很困難的嘗試。成年子女的難處在於，他們要冒表露情感的風險，對象正是他們認定造就痛楚的人；父母的難處在於，他們要面對自己可能深深傷害、背叛或辜負了子女。難呀，難，但如果彼此都能站到對方的立場，那就值得了。

父母必須踏出第一步，給子女時間和空間，談一談為什麼他們選擇疏遠；必須坐下來，忍受談論這個話題所引發的痛苦、傷心和愧疚，即使無法全盤消化，也要設身處地、同理，挖掘當中的一點真相。我的角色是引導他們不要只顧著自我辯護、解釋、合理化，或怪罪孩子、怪罪前配偶、怪罪任何人。有些父母非常需要引導，我不客氣地在診療過程中對他們說：「如果你繼續用這種方式溝通，只會讓子女確信遠離你是正確的決定。」

辛妮非常勇敢。她能了解，是恐懼和羞愧妨礙她承認事實；女兒對她的抱怨——母親讓她有羞愧感，忽略她、羞辱她——是真的。她在和卡琳娜一起諮商時哭著道歉。她滿心悔恨、痛苦悲傷，同時展現和解的渴望，哭得聲嘶力竭，久久不能自已。她後悔受到童年創傷影響，沒有成為一直以來想成為的母親。她難過自己明明想帶給女兒安全感，卻造成痛苦。她後悔沒意識到自身未化解的傷痛，竟悄悄滲入對子女的教養方式。女兒淚眼汪汪、滿心感激地對她說了謝謝，請她再次參與自己的人生。

我在這一章提及的兩件個案反映出，談到親子疏遠關係，人們通常會想到的促因：**成年子女有理由抱怨父母，覺得親子關係造成強大傷害和破壞，而選擇斷聯**。而且在兩件個案中，和解的可能性都取決於父母能否深入了解問題、同理，以及彌補被忽視、傷害或受不當對待的子女。

然而，成年子女選擇斷聯並拒絕和解，還有其他與父母不當對待、忽視無關的原因。先不論原因為何，從前的世代較少期待親子成為一生摯友，是否的發生與密集心理交流較無關聯。而到了現代，想要建立緊密的成年親子關係，父母和子女雙方的心理健康狀態都必須有所提升。據我觀察，父母與成年子女的緊密關係有賴以下條件的滿足：

父母

- 能夠回應成年子女的負面態度、抱怨、批評或拒絕，不以牙還牙。
- 能夠做到「即使不贊同成年子女的價值觀，也不拒人於千里之外」。

- 理解成年子女擁有與父母不同的人生，因此沒有義務花高於意願的時間去陪伴自己。
- 能充分放下自己的童年創傷或其他傷口，理解到：
  (1) 成年子女並非當年那個造就你身分認同的人。
  (2) 成年子女沒有義務彌補父母的人生缺憾。
- 能夠以不帶批判、不引發愧疚、不羞辱人的方式溝通自身感受。
- 有能力進行一定程度的自我省思。

成年子女

- 能夠與父母親近，而不害怕在親子關係中失去自我。要實現這點，需要有能力意識到父母的想法、情緒或需求，但不過分受其影響，因而認定自己該順從他們的期許。
- 即使父母有以牙還牙、以眼還眼的傾向，也能在不過度擔憂被報復的狀態下陳述不滿或表明意見。
- 能夠接受父母身為父母和個人的侷限。

- 認清父母無法滿足子女的希望或需求，原因多半是父母自身有所不足，並非真的想傷害子女。
- 了解父母無法滿足子女所需，與子女本身的個人價值無關。
- 有能力進行一定程度的自我省思。

接下來幾章，我們要回答的問題有：現今成年子女和父母對於所謂的「父母虐待」是否有全然不同的理解？離婚是否會在父母與子女之間引發永久裂痕？父母的心理疾病是導致親子失和的重要原因，那麼成年子女或其配偶的心理疾病會如何造成親子失和？今時今日的個人心理治療師是否讓成年子女的抱怨更多、更顯合理，導致親子疏遠的可能性增加？父母與成年子女之間的價值觀、個性、處事態度是否有所謂無法調和的差異？稱職的祖父母是否有可能被疏遠？始終無法化解的手足疏離是否有解？假如無法和解，是否有可能讓沒有孩子或孫子女參與的人生過得有意義？這許多議題，有待我們深入探討。

2

造成疏遠的千百種原因

我經常被問到，成年子女與父母和好的機率高不高。答案是，如果父母和成年子女都願意且能夠一起努力，就會成功。一般而言，必須由父母起頭，因為他們通常有較高的和解動力。有時親子疏離無法化解，是因為父母不願意投入這個必須放下身段、自我反省、努力不懈的過程——勞夫與兒子的疏遠關係持續，正是出於這個原因。

但有時不論父母表現多棒、多麼體察子女的心境，成年子女都無法或不願意和解。常見原因有：

父母離異

在像美國這樣高度尊崇個人主義的文化中，離婚可能導致孩子不將父母和其他家庭成員視為所屬團體的一分子，而認為他們是擁有自身優缺點的個人。如此一來，以下所述失和情形的發生機率就會提高：

- 不論孩子是否成年，都可能因此被迫選邊站。
- 可能導致父母一方暗中或明擺著讓孩子疏遠另一方。
- 可能導致孩子比較關心父母其中一方是否過得幸福，並在性別、性情或其他因素的影響下，親近或遠離其中一方。
- 父母離異會為家庭帶來諸如繼子女、繼父母，或爸媽的男女朋友這類新成員，因而引發關於財務和情感資源的多重失和關係。

媳婦／女婿的影響

在我幫助的家庭中，有許多父母曾與成年子女擁有緊密互信的關係。但在子女結婚以後，良好的關係便被破壞殆盡。如果剛與子女結婚的先生或太太有心理方面的困擾，情況尤其嚴重。此時媳婦或女婿可能感到受另一半和父母的好感情所威脅，開口說出：「有他們就沒有我，你不能兩邊都要。」

心理疾病或成癮問題

如果你的孩子有成癮或心理問題，他們可能會認為跟你保持聯絡很困難、令他們不知所措，甚至健康失調。心理疾病可能讓他們曲解你的用意、曲解往事或你對他們的情感，也可能導致他們與你的互動方式，讓你難以從頭到尾維持溫柔回應。

心理治療

成年子女進行心理治療後，開始與父母疏遠的情形可謂常見。發生的原因有幾種，包括：

- 治療師將你過去的做法和成年子女的心理狀態連結，歸因錯誤或過度放大因果關係。
- 成年子女想討論童年發生的事，但你目前或以前沒有展開對話的能力。
- 治療師認為疏遠是可行的介入手段，建議成年子女藉此改善對你的感受。

關係過於親近

子女可能覺得自己在成長過程太依賴你，除了離開你，不知道其他主掌人生的辦法。若是這個情況，此時父母在成年子女心目中分量太重，疏遠是為了降低重要性。

選擇、價值觀或生活方式的歧見

有時疏遠關係發生的原因，是父母和成年子女在價值或政治觀點方面差距太大。可能發生在父母與子女不認同對方的性別意識或性向，也可能發生在政治傾向、交往對象的選擇上看法不同，或更簡單的原因，即雙方個性根本無法協調。

社會變遷

我從四十年來與父母、成年子女和其他家人在診間接觸的實際經驗中發現，親子失和所反映出來的，是範圍更廣大的文化變遷。過去人們注重對家庭忠誠，現在已被追求個人成就取代。為父母增光的想法，則被「家庭由你定義」的觀念取代。以前的人建議父母親為了孩子維持婚姻；現在的人說：「如果你不快樂，你的孩子也不會快樂。」敬老尊賢的信念，變成至理名言「尊敬並非天生即有，必須自己爭取」。義務、責任、忠誠等過去最受推崇的家庭價值觀，徹底轉變為強調個人的幸福康樂。

其中有許多是正向的轉變。現今性別更加平等，人與人之間能夠締結互相尊重、更親密的婚姻和戀愛關係。我們能選擇與造成傷害的手足、父母、成年子女斷絕關係，允許家庭的個別成員與造成心理傷害或過度干涉的親人分隔。對於離開無意義或極具傷害性的婚姻關係，社會接受度已高出許多。人們能自由地與符合理想或性向的伴侶結合，並能保護孩子不受不利婚姻的影響。多數現代父母與成年子女維持更緊密的聯繫，勝過從前世代。

但家庭成員有可能運用這相對較新的自由觀念，永遠改變了自己或身邊的人的人生。疏遠關係可能導致手足對立，上演堪比莎翁名劇王權爭奪的戲碼：父親驅逐不知感恩、不關心爸爸的兒子；以孫子女作為威脅手段，要求子女收斂不端正的行為；成年子女以保留自己的愛作為折磨手段，殘酷程度更勝中世紀宗教法庭的任何一種懲罰；婆婆、上鎖的車庫、無法熄火的車，這樣的狗血劇情節，在媳婦腦中揮之不去。

把焦點放到自己身上

子女經常以「父母造成傷害」作為疏遠的理由。這對現今有成年子女的父母親來說形成了挑戰。因為年輕子女所認定的傷害或輕忽行為，在先前任一世代的人眼裡，多半是無關緊要的小事。但我們必須理解，**不論你有多愛你的孩子、多麼投入或投資多少在孩子身上，成年子女是用自己的尺規去衡量你的教養方式。**

它與你將子女養大的那把尺，標準大不相同。他們的衡量基礎是更有組織的童年觀念，會詳細分析及研究更複雜的身分認同和心理情緒。

例如，有一名年輕女性在《紐約時報》近期的文章〈Z世代：他們如何形容自己〉（*Generation Z: Who They Are in Their Own Words*）表示：「我們用父母不曾想過的工具和語言去理解身分認同。」沒錯，正是如此。但這為何重要呢？重要之處在於，父母在年輕成年子女對其自我的理解，占據比從前更顯著的地位。心理治療的語言，透過《歐普拉秀》（Oprah）、《菲爾醫生》（Dr. Phil）等節目，或幫助網友自我診斷是否罹患《心理疾病診斷與統計手冊》（*Diagnostic and Statistical Manual*）所列各項疾病的自助網站，滲入了我們的文化。更驚人的是，過去十年，年輕世代接受心理治療的頻率更勝以往任何世代，而且所要承受的汙名大幅消減。也因此，有《華爾街日報》（*Wall Street Journal*）作家稱千禧世代為「心理治療世代」。

許多父母在毫無心理準備的情況下，得知子女的治療師如何看待他們的教養方式。一名年輕成年兒子告訴媽媽：「我以前覺得自己有很不錯的童年。但找心理治療師談過之後，我發現童年時的焦點都在妳身上，而不是我自己。」觀點的落差，可能來自對良好童年的定義改變，因此涉及何謂好的教養方式。心理學家尼克・哈斯蘭（Nick Haslam）表示，這三十年來虐待、創傷和忽視的定義擴大涵蓋愈來愈多癥候，並將從前認定正常的經驗病理化。哈斯蘭寫道：「先前可能認定為道德淪喪（如藥物濫用）、壞習慣（如飲食失調）、個人缺陷（如性功能障礙）、醫療問題（如睡眠障礙）、性格缺點（如害羞）或普通的童年波折，現在都受心理疾病這把大傘庇蔭。」在後面推出的幾版《心理疾病診斷與統計手冊》中，心理疾病項目大增，從一九五二年初版的四十七種情況，到第四版變成三百種情況。正因為如此，才有人指控《心理疾病診斷與統計手冊》作者群和精神病學領域善於「製造疾病」。

現今對創傷的定義標準，比三十年前低了許多。不須嚴重威脅生命，或有使肢體受重傷的疑慮，也不須落在正常人類經驗外，都能定義為創傷。既不須在絕大多數的人身上引發鮮明痛苦，也不須使受創傷的人顯著痛苦。換言之，如果我說你虐待、忽視、霸凌我、對我造成精神創傷，你就是虐待、忽視、霸凌、使我精神受創。如哈斯蘭所寫，現在人們根據孩子對相關行為的看法，來評判父母是否有情緒虐待、創傷或疏忽的情況，即便在外人眼中立意良善，或與父母本意、情緒無關之舉也是如此。重點在於「我」的感受。

將痛苦經驗視為身分認同

年輕世代也更有可能將痛苦的童年經歷融入身分認同的描述，這是以前不曾有過的景況。壓力、掙扎、痛苦事件，過去被當作與家庭存續有關的問題（最好自己知道就好），而現在，不論好壞，一律被視為改變或轉化人生的事件。從好處看，這個傾向能提升自我意識，也為打造更堅固的人際關係（不只親情，還包括友情、愛情）提供了所需的語言和地圖。但反過來看，則可能過度強調某些「不說出口」或「看開一點」比較好的情緒。

誠然，許多孩子曾經遭受父母身體虐待、性虐待、言語虐待、嚴重忽略，而可能留下一輩子的傷疤。過去三十年擴大納入引致傷痛或創傷的事件，也有助於人們用語言表達從前無法言傳的感受。

但我們先入為主認定了父母是影響子女人生的主因，而且現在被列入可診斷疾病的許多創傷因素，其實應該屬於正常、可接受的教養方式——事實是，不論父母親是否有過當的管教行為，成年子女都有可能對父母抱持實際上並不公平的強烈不滿。

這對任何一方都沒有好處。研究顯示，擴大心理疾病範圍，納入愈來愈多經歷，可能會讓人感覺能動性差、對復原機會抱持較悲觀看法、失去主導自身挑戰的信心。在喪失希望的情況下，魯莽而行的疏遠之舉，會變成一種獲得權力的方法，具有高度吸引力。雖然家庭衝突或想遠離家庭衝突的念頭並非新鮮事，但將與家庭成員的疏遠關係視為個人成長和成就的展示，可謂前所未見的觀點。

問題由此而生。許多以兒童發展為基礎所衍生的談話治療與心理勵志書籍，仍然假設父母是孩子日後發展最重要的決定因子。這些假定根源於：洛克和盧梭已然過時的「白板說」、佛洛伊德頗受疑慮的性心理發展階段以及他對壓抑和記憶的看法、馬斯洛的自我實現理論、約翰・華生（John Watson）所謂「行為主義能打造父母心中任何理想成人」的浮誇主張。

儘管現代研究對這廣泛為人接受的觀念提出了挑戰，還是有家庭被這些有問題的論調弄得四分五裂。如發展心理學家艾利森・高普尼克（Alison Gopnik）在《教養是一種可怕的發明：解救現代直升機父母的親子關係人類學》（*The Gardener and the Carpenter: What the New Science of Child Development Tells Us*

About the Relationship Between Parents and Children）所言，父母「不是建築師，更像是園丁」。行為遺傳學家羅伯特．普洛明（Robert Plomin）則進一步闡述：「若園丁的工作是培植和修剪植物，好讓它長成某一種樣子，那麼父母也不是園丁」。

探討「我們如何成為我們」的現代心理模式，帶成年人踏上一條自我探索的路，渴望細細搜出、排除阻擋幸福的個人特質，以及我們堅信在源頭引發問題的人。美國人多半傾向從家庭著手，追本溯源，探究是什麼造成自己個性拘謹、焦慮或有容易失敗的傾向，妨礙成長和成就。如文化社會學家伊娃．易洛斯（Eva Illouz）所寫，現代人喜歡用「回頭追究」的方式來細數痛苦：「何謂失衡家庭？成員需求未獲得滿足的家庭。如何知道成員需求未在童年時獲得滿足？檢視當前狀態即可了解。」或如莉莉安．海爾曼（Lillian Hellman）在《悔筆》（*Pentimento*）所寫：「有些人提出過多讓他們寬心的勝利或快樂事蹟，其他人則緊抓真實與想像的痛苦，為自己現在的模樣找藉口。」

尤其是，現今的治療法、心理勵志書籍，甚至十二步計畫團體，採納了新自由主義的邏輯，認為克服內心障礙就能成功。這些概念影響我們對人生的定義以及我們對因果的看法，導引人們藉由尋找和解決過去的障礙，通往未來的成功，反倒使人偏離更有可能的肇因。如家庭歷史學家史蒂芬妮．昆茲（Stephanie Coontz）在《我們從未如此：美國家庭與懷舊陷阱》（*The Way We Never Were: American Families and the Nostalgia Trap*）所指，就貧窮的勞工階級來說，將「孩子成長得如何」怪罪到父母頭上很不公平。研究指出，貧窮與社會階級低落會產生社會動力，致使這個社會階級的父母，在同儕團體方面能夠施予孩子的影響，比其他階級的父母小。

放開父母，追尋自我

文化深刻影響了我們的看事觀點、歸因方式、對他人行動和意圖的詮釋，以及我們如何在社會互動中實踐自己的目標。

《哈芬登郵報》近來有篇文章描述，美國人的自戀已渾然天成至形成一種文化。這種文化表現在自我陶醉的父母身上；意思是，父母一心一意只管自身需求，忽略孩子的需求。

如何與自戀父母「分手」

首先，別為當下的親子關係狀態責怪自己。

愛一個自戀的人，有時候你必須保持安全距離，即便那個人是你的父母。

給成年子女的建議

- 要以自己的健康和幸福為優先。
- 學習分開和劃定界限。
- 嘗試不要衝突對立，但要設立明確的界限。
- 接受父母可能會出於一些原因，致使分開變得非常困難。
- 別為當下的親子關係狀態責怪自己。

這篇文章提出的建議兩度強調界限的重要性，我也經常在（要增加界限的）成年子女和（要減少界限的）父母那兒，聽到這個議題。想要維持個體性，就必須維護界限，而美國人非常在乎自身個體性。根據霍夫斯泰德（Hofstede）的文化維度模型，從我們看重獨立性、不受外界影響、自我表達、自我實現可知，美國文化比世界上任何文化都更強調個體性。

那為什麼現在經常發生，成年子女渴望與父母劃定適當界限的問題？為什麼有這麼多年輕成年人表示父母自以為是，或有邊緣型人格障礙？

一部分原因在於，最近這幾十年來家庭羈絆更深；父母更操心、更有壓力、接收更多教養知識。父母深知，自己一旦犯錯，將會阻礙孩子成年後的成就，又或許，是他們認定將會如此；而且，父母也花更多時間陪伴孩子。這些可能造就比從前更緊張的家庭環境。以前的年代，小孩只要乖乖聽話就好，角色權威劃分明確，父母不太理會孩子如何看待他們。除此之外，科技提供了許多讓家人維持聯繫的方式，千分之一秒就能互相快速傳送文字訊息。

這種種因素使然，許多子女將父母的內心世界摸透透，知道父母的夢想、挫折、失敗和成就。近幾十年來，父母親們小心翼翼地與子女進行雙向溝通、吐露心事，給了子女更多關於「我們是誰」的資訊。許多父母和成年子女因為了解對方而更親近，可說是美國有史以來，成年親子關係最緊密的一個世代。

然而，子女卻就此取代從前由社群、宗教、朋友扮演的角色。舊世代的父母以現代標準來看，可能犯了參與度不夠的錯，現代父母則是過度參與子女的人生。原因或許在於，現代父母花太少時間與朋友或家庭成員以外的人相處。社會學家保羅．阿瑪托（Paul Amato）發現，比起一九六〇年代出生的夫妻，一九四〇年代出生的夫妻，朋友人數多百分之五十一，將朋友介紹給另一半的機率高百分之三十九，加入機構會員的機率高百分之一百六十八，與另一半分享這些資源的機率高百分之一百三十三。社會學家羅伯特．普特南（Robert Putnam）在深具影響力的著作《獨自打保齡球》（*Bowling Alone*）中也提出類似看法。**我認為，有些成年子女選擇疏遠，或聲稱父母自以為是，其中一個原因是父母要求他們維持親暱的關係，但超越他們所能達到的程度，有時，甚至超越所應負荷的程度。**

兒女也可能在父母的意義和快樂建構系統中扮演更核心的角色，因為這是少數幾個不受現代粗魯氛圍影響的領域。精神分析學家亞當．菲利浦斯（Adam Phillips）和歷史學家芭芭拉．泰勒（Barbara Taylor）在《論良善》（*On Kindness*）寫道：「童年變成了守護良善的最後堡壘，這是我們在世上追尋比現實更多愛的最後領地。其實現代人對教養的沉迷或許正反映出，在這個愈來愈難以讓人相信良善的社會上，對於良善可能性的痴迷。」

過去，家庭和家庭成員身分認同處在豐富多元的體系，享受社群支持的滋養。而現在，美國家庭益發走向獨立自足，對孩子展現親暱的需求也更高。這對正處養兒育女階段的家庭或許是好的，對希望維持親暱關係的成年子女也是，但對基於各種原因，不希望與父母有太多聯繫的子女並非好事。父母或許渴望子女成為他們的人生至交，但不表示成年子女必然抱持相同想法，也不表示，成年子女與父母保持聯繫的意願降低是一種病徵。

現代父母投注在孩子身上的金錢和情感，普遍比從前世代更多，所以他們可能認為自己有權要求子女為他們空出時間，卻超過成年子女所能負荷的合理程度。認為自己有權這麼做的父母，容易用無效的方式溝通，導致成年子女退避三舍。這負面回饋循環有時會導致子女不斷後退，逃避對父母的愧疚感和責任；父母感覺孩子愈離愈遠或怒氣愈來愈高，就更是緊追著孩子不放。這種回饋循環會大幅提高離婚的機率，婚姻關係研究將其稱為「你追我逃的互動關係」（pursuer-distancer dynamic）。

衝突的意義轉變

家庭糾紛的意義已經和以前不同。與家庭成員發生衝突不再被視為單純的壓力或痛苦經驗，而是表達能動性、展現自主、驅動幸福的好機會。**一個人是否會與家庭一輩子保持聯繫，理由不再是無論家人造成多大的問題，他都必須承擔對家庭的責任和義務，而是取決於家庭關係為他帶來怎樣的自我感覺**。

從前的世代將衝突視為家庭生活無可避免，甚至必須存在的元素，但景況已非如此。現在的世代將衝突視為對每個成員的贊成或否定票：爸媽是否侷限了我的潛力、幸福、獨特性？如果繼續跟他們聯絡，代表我是怎樣的人？如果斷聯，又代表我是怎樣的人？我會因此成為怎樣的人？

如果說現今美國父母扮演的角色，是栽培堅持追求快樂與個體性的兒女，那麼家庭衝突代表的意義就與其他文化大不相同。

舉例來說，一項對世界各國近兩千七百名六十五歲以上父母所進行的大型研究發現，與以色列、德國、英國、西班牙的父母相比，美國父母與成年子女發生衝突的機率高出近一倍。南加州大學社會老年學家梅瑞爾・希佛斯坦（Merril

Silverstein）在總結研究發現時表示，與其他國家的成年親子關係相比，美國家庭承受的壓力更高。

至於美國家庭與其他工業化國家家庭間的差異，或許來自美國獨有的個人主義風格。社會學家艾美·沙萊特（Amy Schalet）指出，美國父母的教養方式奠定於，父母認為，子女透過挑戰父母對權威、性、酒精飲料的限制，來學習成為大人。她將這種現象稱為「對抗的個人主義」（adversarial individualism），並將之與荷蘭的教養方式相比；荷蘭父母會從子女十六歲左右開始，允許他們將男女朋友帶回家過夜、與家人小酌，以此方式帶領青春期的孩子步入成年。

美國父母相信，反抗父母的命令是正常、甚至可接受的行為，能夠幫助孩子邁向成年；但荷蘭父母認為，青春期孩子應該在父母運用知識與合作引導下，輕鬆踏入成年世界。她將荷蘭的教養方式稱為「互動的個人主義」（interpersonal individualism）。沙萊特表示，這些差異來自兩國截然不同的價值觀：美國人重視自由，荷蘭人重視自在相處（gezelligheid）；美國的孩子掙扎擺脫父母設下的種種侷限，荷蘭的孩子相信成年後仍可繼續依靠父母。

家庭中的功績主義

父母也很容易陷入一種新的困境，就是成年子女對父母的愛和關注，會對父母的自我意識、身分認同、安全感產生很大的影響。在以前的世代，不論父母對子女有多關愛，任務都是扶養孩子長大成人、幫助兒女開展人生。在今日的文化中，父母親最大的期盼是成為兒女的一生摯友，兒女疏遠或斷聯則代表了父母的失敗。社會學家卡爾・鮑曼（Carl Bowman）指出，一九八五年，羅伯特・貝拉（Robert Bellah）在其深具影響力的著作《失序的心靈》（*Habits of the Heart*）中探討美國個人主義對家庭影響時，父母最大的恐懼是孩子永遠不會離家，但現在，父母最大的恐懼是孩子再也不回家了。

對父母要有一定程度的忠心和責任感，是從前世代奉持的金科玉律。現代父母則活在家庭的功績主義中，必須持續關心成年子女的心情和需求，才能換來和他們保持聯絡的機會。要做到這點，必須擁有其他世代父母所不具備的心理成熟度和嫻熟的溝通技巧。

英國社會學家安東尼・紀登斯（Anthony Giddens）指出，現代人承受這樣的壓力，有一部分原因是我們與教會、街坊、婚姻、社區、性別構成的傳統機構日益「脫節」。取而代之的，是時時刻刻密集地對自我進行個別評估，去了解個人的心情、欲望、念頭、抱負。這種自我評估要你持續監督：我們該與他人（朋友、情人）有多少互動？他們對我們的自我實現抱負滿意嗎？紀登斯在《現代性與自我認同》（*Modernity and Self-Identity: Self and Society in the Late Modern Age*）中寫道：「個人成長，取決於征服妨礙我們理解真實自我的情緒障礙和緊張關係。」社會心理學家伊萊．芬克爾（Eli Finkel）所觀察到的、現代成功婚姻的必要條件，呼應了紀登斯的觀點：「美滿的婚姻往往不僅仰賴彼此包容協調，也要深刻理解對方的本質。這樣的理解能幫助我們知曉什麼情況最需要怎樣的支持。」在我看來，父母對成年子女的教養亦然。

靈魂伴侶教養法

現代父母當中，也有許多人努力栽培子女，希望他們擁有力量，能堅持不懈地去追尋夢想。這些父母在自己營造的環境裡，被期望成為子女的靈魂伴侶：要敏感體察，但不介入太深；要溫柔包容，但不掉以輕心；要給予支持，但不扼殺潛力；要寬大諒解，但不過度寵溺；要及時關心孩子的發展，但不死板；要當個好玩伴，而不是要孩子去為自己實現人生目標；要當良師益友，但又不能像個老師事事指導。

許多成年子女想批評或拒絕父母就批評或拒絕；父母在養育的過程中，教會了他們這樣的做法。社會學家安妮特・拉蘿（Annette Lareau）在研究中產階級和勞工階級父母的差異後指出，中產階級家庭的孩子對父母提出要求，堅持父母將他們的需求排在父母前面，情況司空見慣。多數年輕成年人從小到大被父母告知，自己想成為怎樣的人都可以；孩子的意見很重要，他們的夢想茲事體大，他們的情緒牽動著爸媽的心思，彷彿世界必將隨其打轉。十年後，對同一群孩子所做的後續研究發現，比起勞工階級，中產階級家庭出身的年輕成年人對父母的感謝程度低了很多，而且比勞工階級年輕成年人更不重視其他家族親戚。

但社會學家珍妮佛・席爾瓦（Jennifer Silva）最近的研究發現，如今邁向成年已無既定之路。現在勞工階級的年輕成年子女在苦苦追尋身分認同和意義的過程中，也可能對父母諸多挑剔。席爾瓦驚訝地發現，勞工階級成年子女經常用心理治療的語言和家庭失衡，來解釋為何無法成功找到薪水像樣的工作或建立良好的親密關係。席爾瓦在著作《不足：不確定時代的勞工階級身分認同》（*Coming Up Short: Working-Class Identity in an Age of Uncertainty*）中寫道：「許多人對無法單憑自身力量蛻變——去戒除癮頭、儲蓄、改善有問題的關係——的家庭成員或朋友，劃出無情的界限。在這種著重心理治療的成長故事裡，傳統的身分認同元素，例如工作、宗教、性別，不再占據核心地位，而是被家庭取代——家庭成為了一個人的個體性形成源頭、自我的形成源頭，以及必須擺脫的神經官能症的形成源頭。」

教養無法獨立於世，它在我們不注意下，被經濟、社會、文化力量引導塑形。一個人決定疏遠或與父母和解、決定聯絡孩子或放手，也受到類似的影響。接下來幾章，我們要討論常見的疏遠原因，以及社會力量如何為成年親子關係開創新的可能性，卻又同時製造緊張因子。

3

婚姻的終點，
親子關係的轉捩點

每段離婚都是獨特的悲劇，因為每段離婚所終結的都是獨特的文明——奠基於千百個共同經驗、記憶、希望和夢想的文明。

——瑪薇思·哈瑟林頓（E. Mavis Hetherington）與約翰·凱利（John Kelly），《更好或更糟：重思離婚》（*For Better or for Worse: Divorce Reconsidered*）

馬克有兩名成年女兒，她們都討厭馬克的新配偶。她年輕貌美，未受育兒歲月的摧殘，與女兒們的媽媽截然不同。她們討厭她還有另一個原因，就是她們誤會爸爸在還沒離婚時就和她發生關係。離婚後，女兒都不再回覆馬克的簡訊、電子郵件和電話。小女兒甚至讓馬克和感情很好的孫子斷聯。

「大女兒甚至不邀請我參加即將舉行的結婚典禮。我快瘋了。」他在我們第一次面談時這樣告訴我。「我一直求她們跟我講話。我用求的！我已經尊嚴掃地了。我不在乎。我在她的臉書看到她要請舅舅，也就是前妻的弟弟牽她走紅毯，她根本不喜歡他！我不知道不去參加她的婚禮我還能不能活下去。我這一輩子從來沒有這麼傷心過。」

馬克離婚後的情況跟很多人一樣頗為複雜。女兒的媽媽瑪莎告訴她們，如果她們想和爸爸維持關係也沒關係，她支持她們這麼做。可是，女兒們知道，和爸爸維持良好關係，簡直是和背叛媽媽畫上等號。她們沒說出口，甚至沒在心裡這麼想，但事實就是如此。父母離異前，她們都說馬克是好爸爸，後來她們改口，用媽媽的話去重新評價爸爸——媽媽暗示爸爸曾有幾段婚外情，說他沒用心和她交流感情，心思全放在工作上，犧牲了與她相處的時間，甚至暗示，他為了工作不陪女兒。

以前他們還在婚姻關係中時，瑪莎時不時就會抱怨一下，只不過礙於馬克為家人提供的生活條件，出於感謝而不得不有所收斂。離婚後，瑪莎每次跟女兒講話總滿腹牢騷。這些舊帳，翻著翻著，演變成令人難以承受的瘡疤。女兒都站在媽媽那邊，是出於一片好意，想保護她不因爸爸的離棄而感到羞愧。所以就算瑪莎說自己支持女兒和爸爸維持關係，但她不斷抱怨馬克，又將馬克講成在婚姻關係中傷害她的人，讓女兒根本無法與爸爸親近。

但爸爸這邊也有自己的問題。馬克來找我幫忙時，他已經替自己在父女關係中挖了好大一個坑——難以脫離的坑。他對女兒說媽媽是騙人精，寫信說女兒的行為既自私又殘忍，還不忘提醒，是因為他，她們才能享有種種好處，並將女兒的疏遠怪到她們媽媽頭上。這等於是往自己的墳上，撒了一層又一層的土。

我用同理心傾聽發生在他身上這個相當常見的情境，並用大部分的時間理解他、他前妻和兩個女兒的心理狀態。接下來，該來談一談因應之道了。

「好，首先，不要再用任何理由怪罪她們的媽媽。任何事都不要！」

「為什麼？我只是就事論事。我是個好爸爸。我為女兒做牛做馬。」他說：「我教她們運動，幫她們完成作業，帶她們出門旅行。我還能怎麼做？放任她們媽媽說我是自我中心又外遇的混蛋？」

「那的確是很糟糕的處境。我懂。聽起來，她的確是想方設法讓你在女兒眼中一無是處，你的確有理由不滿。但不要對她們抱怨。此時此刻，你的前妻掌握生殺大權，你一點力量也沒有。她們不跟你講話，你沒受邀參加女兒的婚禮，你沒辦法讓女兒回簡訊。」

「那我該怎麼做？」

「我認為，從現在起，你得讓她們看見，你願意從她們的角度理解事情，而不是你的角度。」

我像每次和家長面談那樣，要求看一看他們的電子郵件或訊息往來。雖然疏遠的成年子女對父母的抱怨有時出人意料地強硬和傷人，但這往往也傳達出子女內心的悲傷甚至絕望，已經來到了所能承受的極限。他們渴望與父母劃出界限，乃至於發出最後通牒。至少一開始可能是那樣。隨著時間過去，他們在父母的防備心或敵對態度下，變得更強硬、更拒人於千里之外。我從兩個女兒和爸爸的訊息往來看出，他們之間的溝通已經惡化到互相鄙視和威脅的程度。我們必須把握時間。

我告訴馬克，即使他認定女兒是在前妻的繪聲繪影下，才用嚴苛的眼光看待他過往的教養方式，他也要認可她們的新觀點——她們現在相信，小時候爸爸比較重視工作，不重視家庭；在婚姻關係中，以自私的方式對待媽媽。即使他認為那些看法不對，也要想辦法面對女兒的新認知。

早期我在精神病房工作，從那一間間上鎖的房間裡，學會面對不正確的因果解釋，包括頭兩年在俄亥俄州凱特林市的凱特林醫療中心，以及爾後在舊金山加州太平洋醫療中心工作的六年。我的病人受各種程度的妄想症和嚴重精神障礙所苦，我學會了如何與心智狀態和狀況徹底不同的人並肩而坐。

其中非常重要的一課，是認可對方的當前處境。當對方是妄想型思覺失調患者，如果我不先接受美國中情局在他家花園安裝竊聽器，或外星人發訊息給他很合理、可能是真的，就永遠不可能消除他們的疑慮。我必須先將懷疑放一邊，先不管我知道哪些事情不太可能發生。我不能高高在上，要用平等的語氣說：「聽起來很可怕。他們為什麼要緝捕你？有什麼具體行動？你覺得他們的目的是什麼？」我必須進入「相信這些事情是真實」的狀態，用身心去感受，讓他們知道我可以進入他們的世界，才能贏得他們的信賴，讓他們明白還有另一種觀點。我不會說：「嗯，那當然不是真的。我來告訴你，你有多不理性。」而是學會說：「哇，如果是那樣，你一定很害怕。我也會很害怕。」要是我有相同遭遇，當然也會害怕。

當他們察覺我與他們感同身受，我就能更輕鬆地對他們提問：「是不是還有其他可能的解釋？有沒有可能不是那種情形，而是其他狀況？」換句話說，我必須能深入他們的世界，就算短暫停留在那裡也好，然後我就能邀請他們踏入我的世界。當然，不見得每次都奏效，但被同理和認真看待的人，包括在精神病這華麗的苦難中掙扎的人，即使還無法踏入我們的世界，也有可能來找我們這些對他們表現關心和願意進入他們世界的人。

認為自己受成年子女不實或非公平指控的父母們，也要採取這樣的做法。雖然父母受到的誤解，大部分都比不上思覺失調或其他嚴重精神疾病患者受到的誤解，但要有類似的心態。

馬克和許多被疏遠的父母一樣，對這個建議感到擔心。

「那不就證實了她說我是個糟糕的父親嗎？但我不是啊。我覺得自己正中前妻的下懷，這樣她就可以說：『看吧，連他都承認自己是個差勁的爸爸。』」

「不會。展現從對方觀點認識問題的意願，並從中尋找一點真相，能使你更有威信。而且不幸地，她們目前對你就是抱持這樣的看法。指出她們錯了，無法帶你達成任何目標，只會讓她們更生氣、把溝通的門關上。當你願意展現同理心和自省能力，就有助於讓她們感覺可以稍微卸下心防，更認真考慮讓你進入她們的世界。」

「好吧，反正現在我也沒什麼好失去了。」

我也告訴馬克，他不能堅持要女兒和新太太建立關係。是他選擇了她，但她們沒有；她們沒有義務花時間跟她相處，更別說在她們心中，她是破壞家庭的人。他不需要因此離開她，但也不必堅持女兒同時接受新太太和他。

我調查超過一千六百名被疏遠的父母，其中約百分之七十五的人，在離婚後被孩子疏遠。經驗告訴我，離婚可能使長期建立的忠誠、感激和義務關係大洗牌。孩子可能因此重新檢視父母離異前的生活，並改變看法，轉而支持父母中的另一方。這也導致子女不再將家庭視為一個完整的單位，而是看成由個人組成的鬆散團體，成員各有自己的優缺點。

離婚也有可能改變引力軌跡，使家庭成員愈轉愈遠，在一段時間過後，甚至觸碰不到彼此。雖然有些父母成功不讓孩子過度偏離他們，但各種年齡層的孩子有自己的需求和目標，可能因此不受父母的意見左右，而靠攏其中的一方。即便是為人處事問心無愧的父母，倘若不能在聽到孩子貶低另一半時承認心中的一陣竊喜，那麼不論你多麼大聲反對孩子的發言，都是在自欺欺人。

孩子不會錯漏父母表現出的那一絲欣喜，也不會錯過將其融入對父母的認識、盡可能支持其中一方，或運用這項資訊在家中立足的機會。令人惋惜的是，與父母一方斷聯在這樣的互動關係中並不少見——子女會用這種方式去支持父母對抗另一方、向未疏遠的父母展現愛或不二忠心，或確保自己在父母的人生占有一席之地。

新太太／新生活

馬克和許多再婚的父母一樣，他發現自己陷入絕望，被夾在對新太太的強烈情感依賴和對女兒的深厚感情之間。馬克懷疑自己是否能成功說服新配偶，不要再堅持參與溝通或可能的家庭活動；他也擔心自己無法好好處理另一半被前妻說成離婚主因所產生的感受。

「我完全不會責怪她。」我說：「她的處境很難，但你的首要之務是讓孩子回到你的人生。也許有一天，你女兒會展臂歡迎她，也許不會。有些孩子始終對父母的新伴侶不屑一顧，而且令人遺憾的是，並非所有家庭的互動關係都是能夠修正的。將你和新太太綁在一起，要女兒通盤接受，不是好辦法。等你們關係有所進展，我們再思考如何重新讓你的新太太融入這個家庭。但在此之前別輕舉妄動，那太強人所難了。」

我們也經常看到，新太太對應該為先生前段婚姻生的孩子付出多少感情，或是否提供財務支持很有意見。我見過許多家庭失和起因於這種互動關係，久久無法化解。雖然我們可以理解，新太太渴望被先生放在優先地位，需要受重視、被珍惜，但那些需求有時會與先生渴望和兒女保持聯絡的想法衝突。令人驚訝的是，有太多男性做不到與兒女繼續往來，有時是因為，他們讓新太太過分掌握大權或左右教養決定，程度之深，對任何人都沒有好處。

為什麼這麼多男性選擇聽從妻子的話？他們大多認為，即使太太不是唯一的朋友，也是他們最要好的朋友。這就表示，一旦失去太太的支持，他們失去的，會比多數擁有相同延伸社交網絡的女性所失去的更多。這種在社交網絡上的差異，或許也能解釋為何男性在離婚後罹病或死亡的機率較高。

此外，許多男性在步入婚姻時，放棄了他們展現情緒的能力。男性對於談論感受相當難為情，可能因此侷限他們將情感當作媒介，來維護主張和理解自我的能力。像這樣無法隨心探索情緒世界，可能是因為即便到了今天，父母仍較少對兒子們運用富含情緒的語言。

這是男性身分認同的脆弱環節，也意味著，多數男性只要聽見引發羞愧感的話，就會覺得男子氣概受挫。所以，當太太暗示先生沒有將她擺在優先位置或足夠關心她，而讓她有些失望，先生便會覺得必須順著太太的意，而非挺身面對受挫情緒——即使這有時意味著，必須減少一些陪伴孩子的時間。

最後，許多法庭判給離婚爸爸的監護時間，比媽媽的時間少，也導致爸爸與兒女間感情變差。

母親與繼母，女兒與繼女

另一方面，繼母也不好當。許多繼母覺得自己必須一肩扛起親職的重擔——為孩子的幸福負責、認為自己應該要做得更好、另一半的挑剔、繼子女的怨恨——絲毫沒有享受到任何好處。繼母們有理由擔心丈夫把錢花在前妻或孩子身上，又對好媽媽的既定印象深信不疑，在這令人無奈的信念下，無法訴說心中想法。至少，很難在不使先生或繼子女疏遠的情況下說出來。

繼子女們則是有可能抗拒繼母的殷殷呼喚。他們感覺傷痛、愧疚，深陷父母離異或父母一方離世的剝奪感，久久無法釋懷。他們可能因為害怕背叛親生父母，而無法或不願與繼母建立正面關係。

在馬克的例子裡，他生的是女兒，不是兒子，更造成他和新太太與孩子衝突機率升高。研究顯示，不論衝突多大，母女都是最可能和好如初的組合。德州大學奧斯汀分校的凱倫．芬格曼（Karen Fingerman）教授表示，這種母系優勢，讓母女比父女或母子更常講電話，更常互相給予支持和意見。

馬克用我的策略與小女兒有了進展，但大女兒還是不太願意和解。似乎是因為，大女兒非常擔心媽媽喜怒無常和不輕易原諒人的個性。小女兒沒幾個月就回應了馬克的新策略，大女兒則又疏遠了整整三年，才慢慢開始對馬克的改變敞開心門——他堅持每個月和她聯絡一次，忍住不批評或抱怨前妻，並刻意避免讓女兒對疏遠感到愧疚。

被疏遠的父母們總是想知道，還要多久才能不再被兒女疏遠。可惜，我們永遠沒有答案。子女有自己的時間表，有時父母影響時間表的權力和能力非常有限。你最主要的任務是清楚表明自己會經常聯絡他們，願意努力改變自己和這段親子關係，而且你願意尊重，子女需要的是他們心中所認為理想的親子關係。

熟齡離婚

六十五歲的蘇菲是有孩子的媽媽，她留在先生身邊的時間，比她自己所希望的還久。「孩子還沒進青春期，我就知道我想結束這段婚姻。」她告訴我：「可是我不想讓他們感受父母離異的痛苦，所以我暗自決定，等他們上大學就離婚，迎接人生下一篇章。但後來我們的事業經營失敗，無法兼顧離婚的財務損失，和送老么去念她錄取的學校。我們都認為，之前我們有能力負擔另外兩個孩子的學費，現在要告訴小女兒爸媽付不起學費，這很不公平。所以我們又忍過悲慘的四年，等小女兒畢業了，才告訴她們。

「對於父母說要離婚，老大和老二沒什麼適應上的困難，可能是因為他們都離家生活一段時間了，而且都是個性相當隨和的孩子。但小女兒麗莎一直是家中最敏感的人，她為這件事吃了不少苦頭。我很驚訝，因為三個孩子當中，是她一直對我們說這段婚姻很糟糕、應該要結束，老實說我以為她會因此鬆一口氣。再怎麼樣，我在親職這方面投入的比先生多很多，我們很親，我還以為她不會站在他那邊。」

這也是問題：某些成年子女發現，父母單身後，如果不照父母所希望的，留給他們足夠的陪伴時間，自己會因此感到愧疚。成年子女可能不清楚，究竟該為父母的幸福負多大的責任，因而設下限制或斷聯，讓自己感覺脫離父母。

麗莎覺得自己要為媽媽的快樂負責。蘇菲夫妻離婚前早已存在衝突，是她為這樣的結果埋下種子。在不快樂的婚姻中，兒女經常會感受到父親或母親的孤獨或未滿足感，衍生幫助那一方父母，使其感覺更有價值、被愛和滿足的傾向。心思敏感的孩子可能會與其他手足競爭，以獲得更多原本沒有的關注和親暱情感。

這份親暱情感有可能在子女成長過程中，成為意義與身分認同的必要來源。但過猶不及，將來也可能成為他們的負擔，尤其是在父母離婚、責任感被放大以後。姑且不論子女的看法是否為真，那表面上似乎對雙方有益的親子關係，後來也可能在兒女眼中，變成了父母的剝削。

蘇菲和老公還保有婚姻關係時，先生願意在一定範圍內滿足她的需求，所以女兒麗莎放心地知道，照顧好媽媽是爸爸的工作，不是她該負責的事。爸媽離婚後，這層默契不存在了。麗莎希望照顧媽媽，但這樣的意圖，少了上面兩個年紀較長的手足參與，因獨自承擔而讓她愈感沉重。

遇到類似狀況，成年子女可能需要藉疏遠來劃清界限，測試父母（或她自己）能否在新體系下生存。因此我經常告訴父母：抗議過了頭、表現出一副很受傷或怒火中燒的樣子，雖然是可理解的行為，但那只顯示你太依賴他人，無法承受界限較多的新互動規則。從另一個角度來理解：有時候一家人得先歷經破裂，才能重歸於好。

有時候我也會在處理個案的過程，寄電子郵件給疏遠父母的子女，詢問他們是否願意跟我談一談。下面這封寫給麗莎的信，是我常用的書寫格式。

信件主旨：蘇菲．賈納

親愛的麗莎：

請原諒我擅自闖進妳的私人生活。

我是一名專門處理成年親子衝突的心理學家，我接受了妳媽媽的委託。請問妳是否願意考慮和我見個面，聊聊她的事？

我從處理個案的經驗得知，一定是有原因，成年子女才會選擇和父母斷聯。

所以這封信的目的不是要鼓勵妳們和好，而是想請妳幫助我，去幫助她更了解狀況。妳願意和我在電話上聊一聊嗎？

祝 一切順心

約書亞．柯曼博士

我寫信詢問的成年子女，大約六成會回信給我。這六成中，約兩成表示沒有想要跟我談，另外兩成會寫很長的信，用憤怒的語氣解釋一切，並要求我再也不要聯絡他們，剩下六成則同意和我談一談。多數成年子女都不是草率地決定疏遠父母，他們很可能在心中保有一個空間，希望事情可以有所不同，就連拒絕跟我談的成年子女們也不例外。

願意跟我談話的人，最後大多同意和父母一起治療幾次。為何此時他們一反常態，願意參加家庭治療？我相信，當成年子女願意接起父母的心理治療師的電話，那就表示，他們的心門已不再緊閉，不再是從前那個不回電子郵件，或只會用文字抒發氣憤、自我捍衛的人。不過，那也是因為，我做了那些我告訴父母親該做的事：**傾聽**、**同理**、**認同子女們的感受是合理的**。此外，由於大部分子女都合理懷疑我會站在他們父母那邊，所以我會清楚表明，治療的目標是幫助父母承擔責任，了解成年子女為何需要遠離他們。我指出，治療的另一目標，是如果和解有望，就得讓父母知道日後該怎麼做。

我也會在家庭治療前，帶父母認識我們要一起達成的目標。如果聽見對話偏離目標，我會引導他們回到正軌，必要時強勢介入。多數父母出於本能（或希望死馬當活馬醫）都能了解這點，但有些父母居然還是無法停止怪罪成年子女、使子女羞愧或道德綁架。這麼做，只會讓和解的努力付諸流水，甚至更糟。

幸好，儘管疏遠了四年，麗莎仍然同意和媽媽參加幾次家庭治療。我在第一次單獨和麗莎談話時更清楚了解到，她對媽媽表現強烈的怒意和蔑視，是為了防止自己感覺愧疚和必須承擔責任。

「聽我說，我很清楚，我媽和我爸根本就不該結婚。他是個很棒的男人，但他本人對此一無所知。她是超級無敵敏感、需要有人關心的類型，而他是除非撞到頭，否則不會懂那是什麼情緒的瘋狂科學家類型。這也很有可能是她受他吸引的原因。」

我認為她的看法很合理，高度情緒化和高度非情緒化的人有時的確會互相吸引。有時候，情緒化的人會喜歡非情緒化另一半的穩定；較不情緒化的一方則享受在情緒化的另一半身邊，從對方的感受體驗到興奮刺激。

麗莎繼續說：「我不是心理學家，沒資格對自己的媽媽做心理分析，但如果你了解她的原生家庭，就會理解她為什麼想找一個最沉默、最沒有情緒的男人。」

「為什麼？她生在怎麼樣的家庭裡？」她也許不是治療師，卻很會觀察。

「老天，如果我有那種爸媽，我寧願自殺。你去字典查一查『愛讓兒女內疚的猶太父母』是什麼意思，你會看到我外公麥克斯和外婆黛兒的照片在上面。家裡的人只會大吼大叫，我很訝異媽媽整天聽人吼叫怎麼不會聾掉。而且當我發現這個情況的時候，外公外婆已經很老了。真不敢想像媽媽是怎麼成長的；如果他們仍然精力充沛，又會是什麼樣子？別誤會，我很喜歡他們，他們是非常棒的祖父母。但在他們家，你每天都能聽見大聲吼叫和意圖使對方內疚的話語。」

我對她充滿溫情的批評言論報以微笑。

「聽起來妳其實頗能同理媽媽的遭遇。」

「對，我很能同理她的遭遇。她是非常聰明、了不起又有力量的女性，但每次跟我在一起，她就變成一個空虛匱乏、可憐兮兮的小女生。情況在他們離婚後更嚴重。」

「是離婚後變本加厲，還是她向來如此？」

「這個嘛，她總是一心一意犧牲自己、成全他人，跟我外公外婆一樣。畢竟她面前就有最佳榜樣。但離婚後，我發覺，她突然開始希望我隨時在她身邊，而我其實還有自己的生活要過。」

「嗯，很有道理。妳覺得自己現在應該要填補爸爸以前扮演的角色嗎？」

麗莎點頭如搗蒜。「這很奇怪。就像我說的，他們的婚姻並不幸福，因為她顯然並不快樂，所以我總是央求她離開爸爸。可是，沒錯，至少他的陪伴能給予實際的溫度。現在，她的生活就是一個人待在公寓裡。」

「妳替她難過嗎？」

她停頓許久才回答。人們往往並不曉得悲傷是驅動逃避的有力因素。

「那是她的人生。我沒有叫她嫁給我爸、生三個小孩然後離婚。」

「沒錯。但聽起來，自從離婚後，妳感覺她帶給妳更沉重的負擔。」

「對，負擔絕對比以前重。我覺得比起替她難過，我對她有更多怨氣。讓媽媽開心又不是我該負責的事。」

「沒錯，那是她自己的事情。」

麗莎和蘇菲陷入母女間常見的循環螺旋，離婚讓問題更嚴重。這些也是母女比任何親屬關係更親密、更有復原力，也最緊張的原因。新聞記者露絲・惠普曼（Ruth Whippman）指出：「母女有時親密得像兩個能心電感應的人，既是最棒，也是最糟糕的事。當兩個人都高度社會化，時時預測和去滿足對方的情緒需求，互動可能變成高度警戒的同理。每個人不斷嘗試破譯對方的可能想法，對任何一點音調和語氣變化都超級敏感，像兩匹風吹草動就受驚的賽馬。」

麗莎愈是強烈主張自己有權脫離媽媽生活，蘇菲就愈是覺得被拒於門外和害怕；蘇菲愈是流露被女兒拒絕的感受，麗莎的心理負擔就愈大。這通常會導致出現下方一連串的情緒反應：

(1) 同理：我媽媽覺得很痛苦。

(2) 針對情緒給予評價：

- 感受媽媽的痛苦讓我負擔沉重。
- 我對此毫無抵抗力。她一感覺痛苦，我也跟著痛苦。

(3)藉由扭轉責任感的方向，來試著減少同理心：

- 這是她的責任，不是我的責任。
- 她讓我感受她的痛苦，這很自私。
- 她應該要接受治療、處理問題，不是把負擔丟給我。
- 她給我那樣的感覺絕對大有問題。也許她是個自戀狂。

媽媽這邊則可能是這一連串反應：

(1)女兒的抱怨和拒絕讓我覺得受傷、羞辱和害怕。

(2)我是個一心為孩子付出的家長。我應該要告訴她那樣的行為帶給我怎樣的感受。

(3)我應該要強烈表達自己的傷心。如果她能理解，就會對我更好，給我更多支持。

(4)我都告訴她我的感受了，她卻無法如我所願地給予回應。這證明了她根本不在乎我。

雙方無法彼此對焦，這樣的回饋循環，顯然只會引爆災難。所以，每次疏遠的父母和成年子女能夠齊聚一堂或一起參加電話會談，我都很高興。因為如此一來，我們能更快揪出有問題的回饋循環。

疏遠關係的核心

麗莎和蘇菲來找我的時候，我問她們希望治療達到什麼效果，兩人的關係要有怎樣的進步。麗莎（女兒）和蘇菲（媽媽）設下類似的目標：減少衝突、增進溝通，以及幾乎所有成年子女都會要求的——設下更適當的界限。我會在和父母或成年子女單獨面談時，詢問有沒有什麼是他們想在家庭治療避免和我們一起討論的事。這樣，當有一方或雙方避談棘手議題時，我才能直接切入。

麗莎（帶起話題）：我只是覺得媽媽需要有自己的生活。

蘇菲（惱怒地說）：麗莎，我有自己的生活。

我：也許妳可以說明一下，「希望媽媽有自己的生活」是什麼意思。

麗莎：抱歉。

我：不必道歉。我認為妳在試著表達，關於妳的感受的某個重要環節。（我想表明自己不是在責怪她，而是鼓勵她試著用比較不挑起情緒的方式表達感受。）我知道，妳在我們個別面談時說，妳覺得自己對媽媽是否快樂，承擔了比妳所願意的還要更多的責任。妳是指這件事嗎？

麗莎：對，我只是覺得，她的整個世界都繞著我和我做的事情打轉，我不需要承擔這個責任。我也有自己的人生要過。

我：那麼，如果她也過著自己的生活，妳認為是怎樣的生活？妳和她的關係會有什麼不同？她會比較快樂？少打一些電話給妳？少抱怨一些？

麗莎：對，就是那樣。

蘇菲（惱怒地說）：我哪時候抱怨妳了？我根本沒跟妳交談。我們四年沒講話了。

麗莎：妳是認真的嗎？天啊，我不知道。妳不是隨時都在抱怨嗎？所以我才跟妳斷絕往來。只有這樣才能跟妳保持距離，因為妳從不聽我講話。

我（選擇忽視她們翻舊帳的行為）：有想到具體的例子嗎？

麗莎：話說，在我和妳斷絕往來前，我要妳別幾乎每天打電話給我，妳根本不理會。

我：蘇菲，是真的嗎？

蘇菲：我可是她的媽媽，我想打電話給女兒，隨時都能打給她吧。她不要接就好了。

我：但她要求妳別每天打電話給她，妳還是天天打，對吧？

蘇菲：那是滔天大罪嗎？

我：我不知道是不是。我只是想釐清妳們之間發生的事。從這件事看來，似乎是麗莎提出要求，妳辦不到或不予理會。我想知道妳有什麼感受，是不是因為妳覺得沒跟她講話很焦慮？孤單？害怕？

蘇菲：這個嘛，她不再回我的電話，我當然很害怕。

麗莎：重點來了，媽，剛開始明明不是那樣。妳每次都要等我開始大聲說話，才願意聽我講，然後又表現出一副受害者的樣子，彷彿我是世上最無情的女兒。

蘇菲：這可是妳自己說的，不是我。

我：麗莎是世上最無情的女兒？（我帶著微笑這樣說，不是想迴避這個話題，而是表示她的話說得過分了。）

麗莎：對，我是，毫無疑問！

蘇菲：不，我沒那樣說。

麗莎：妳就是那個意思！

我：好，給妳媽媽一點表達意見的時間。從麗莎的角度看，她一開始對聯絡頻率提出了合理的要求，但妳無法做到。我猜妳有自己的理由，我想了解是什麼原因。但至少從她的觀點，妳忽略了那些要求，可能會讓她覺得，妳並不接受她對雙方關係的理想定義。

蘇菲：哪有什麼定義？我們整整四年沒講話了。

我：但她現在來這裡了。所以我假定，那是因為她也希望改善關係，或願意嘗試建立更好的關係。我想麗莎的話不無道理：她先提出合理的要求，妳沒有適當回應，所以她認為妳不願意聆聽她的心聲。

麗莎：完全沒錯。

嘗試深入理解

父母和成年子女都要接受，自己得為眼前的關係負擔某些責任，治療才會有所進展。我們的療程繼續進行。

我：麗莎，我認為，妳擔心媽媽沒有自己的生活，跟妳覺得自己為她的快樂承擔太多責任有關。也許妳生氣是為了築起一道防火牆，阻擋必須為媽媽負責的感覺。

麗莎：有可能，我得想一想。

我：好，至於蘇菲，當妳無法或不去尊重麗莎的要求，這會讓她覺得妳太黏人了，要靠她來獲得快樂。我明白妳並不認同這個看法，但那是她的感受。

蘇菲：我不這麼認為。麗莎，是那樣嗎？

麗莎：對！這三年來我一直試著告訴妳這件事。妳不是糟糕的媽媽，妳是很棒的媽媽，妳身上有很多我欣賞的特質。我只是覺得，自從妳跟爸爸分開，妳就期望我去填補那個空缺。我並不想當那個填空的人。

麗莎能夠說出這番話，讓蘇菲知道自己不僅不是糟糕的母親，而且還很棒，自此對話就開始朝不一樣的方向發展。重點不在捍衛身為母親的價值，而在認同女兒對母女關係的定義，好讓兩人的關係前進。蘇菲的態度因此有了相當大的轉變；她撤下心中的防備，開始能夠同理女兒的想法。

蘇菲：真的嗎？親愛的，對不起。妳不必為我快不快樂負責。只是因為妳一直生氣，我不知道該如何跟妳對話。

我：我認為妳們之間存在一種回饋循環。剛開始，麗莎可能提出了減少聯絡的合理要求。蘇菲，那個要求讓妳覺得受傷或被拒於門外，於是妳對麗莎抱怨，或忽略她的要求。所以麗莎擔心，妳不能接受她脫離妳獨立。她心生愧疚，便以生氣或批評來回應。接著，蘇菲，妳覺得被拒於門外——就這樣一來一往。我認為妳們要達成共識才行。蘇菲，妳以後要更適當回應麗莎的要求。麗莎，妳要努力用和緩、不帶排斥感的語氣和用詞，來提出妳的要求或底線。這是一個回饋循環，而妳們都有影響力。我們的目標是打破循環，在回應時多考量對方的深層情緒。

我知道，不論麗莎對媽媽的不滿有多合理，這對媽媽都不是完全正確的評價。蘇菲真的很想念她的女兒，我看得出為什麼：麗莎個性風趣、頭腦聰明又很有想法。但蘇菲比女兒所知的還要堅強。她有很要好的朋友，參加兩個讀書會，並在當地社區大學定期上義大利文課。她確實有自己的生活。

那她為什麼不能在討論聯絡頻率時有相同的發言權呢？父母和選擇疏遠的成年子女目標很不一樣。簡單來說，多數父母希望盡可能多跟子女聯絡，但子女們並不這樣想。他們的目標往往是：我要怎麼在和父母相處時，覺得自己是個快樂、健康的人？從這個角度出發，成年子女需要的是慢慢來、由自己掌控聯絡的頻率和方式。他們所要涉入的心理領域較為複雜。

蘇菲很快就理解到，她的行為促使女兒需要保持距離。這個理解也是帶領她們邁向和解的一大有利因素。但她確實有可能表現出一副受害者的樣子，這一點需要改變。麗莎需要學習在出現愧疚和擔憂的感覺時，以更溫暖的態度拉開距離，而不是生氣或批評。

麗莎對於媽媽無法適應子女拉開距離的看法是錯的。但在其他家庭，可能真是如此，導致親子和解面臨更大的阻礙。親密健康的親子關係和婚姻一樣，往往需要雙方某程度發揮適應力。他們要能管理自身情緒，不依賴對方給予超出合理範圍的認可。蘇菲和麗莎能夠將母女關係導回正軌，但有些成年子女（尤其是單親媽媽的女兒）被媽媽的不快樂壓得喘不過氣，因為不知道其他辦法，只好透過將母親拒於門外，來把焦點放在自己身上。

當我遇到陷入這種狀況的父母，我會建議他們告訴子女，他們已經向外尋求協助，來解決抑鬱、焦慮或其他問題。我告訴他們，一定要讓子女看見，他們正在為自己構築有意義的人生。我也告訴他們，如果還沒這麼做，那應該要嘗試一下。假使子女表示，覺得自己為父母的快樂承擔太多責任，我會鼓勵父母承認，自己確實在某方面導致他們產生這樣的想法，並表達願意與成年子女建立不令他們承擔過多責任的關係。

當子女發現父母有婚外情

瑞克十三歲時，看見媽媽的手機簡訊寫著：「昨天和你度過了火熱的一晚，等不及今晚再火熱一次了。」一起初他以為這是傳給爸爸的簡訊，儘管因為猛然得知過多細節而覺得噁心，卻還是當作沒這回事。後來他意識到，媽媽那晚根本沒回家，而且她說要處理工作的事，並不是跟爸爸出去。瑞克實在太好奇，滑動媽媽的手機螢幕，查看那一連串顯然不是傳給爸爸的露骨簡訊，愈滑就看見愈多生動的敘述和細節。「我現在就要你進入我！」他感覺自己被重擊在地。瑞克想像爸爸讀到這一些媽媽發給別的男人的簡訊，想要保護他的心油然而生。他也對媽媽會這樣感到非常吃驚，因為她總是強調誠實很重要。

瑞克茫然地走進廚房，媽媽正在吃早餐。瑞克決心不對任何人提起任何事。

「嗨，親愛的。」媽媽抬起頭說：「你沒事吧？怎麼了？」

瑞克決定說謊隱瞞。真希望時間可以倒轉回他發現簡訊之前，天真相信父母表現出來的樣子，相信他們還相愛的時候。

「沒，就學校的事。」

克萊拉已經很習慣聽到青春期的兒子用簡短、不帶情緒的語氣回話，便再度低下頭吃早餐。

接著事情一瞬間發生。瑞克忍不住爆發了。

「這是什麼鬼？」他把手機扔到媽媽面前。她的臉色倏地刷白，但她馬上試著恢復鎮定。

「你拿我的手機幹嘛？」

「我要查東西，我的手機放在別的房間。誰是吉姆・奧司朋？顯然是跟妳上床的對象。別假裝很震驚的樣子。」

「瑞克，別用那種方式跟我講話。我沒有什麼上床的對象，他是跟我一起工作的朋友。我希望你不要亂碰我的手機和隨便進我的房間。」

「喔，所以什麼事都沒有，他只是工作上的朋友。那等爸回來，我把手機拿給他看，一定也沒關係囉？」

「給他看啊！他見過吉姆。」克萊拉的謊說得很糟。

「妳認真？我不是小孩子了。」瑞克的語氣，彷彿即將崩潰大哭。「不如直接承認妳外遇了！妳誰都不在乎，只關心自己！」

「瑞克，我知道你很生氣，但事情不全是你想的那樣。我是你媽媽，你不能這樣跟我說話。」

「妳才不是我媽媽！」瑞克嗚咽啜泣，奪門而出。他用力甩上門之前，大喊：

「妳是蕩婦，我再也不要聽妳講話了！」

克萊拉當時完全沒意識到，兒子要她別跟他說話，竟會演變成母子不再對話的事實。她的確外遇了，但沒有要跟瑞克爸爸離婚的打算。她這幾年來努力和先生在性事上親密一些，但沒有效果。她很愛先生，心中甚至還有浪漫情愫。他是個正直體面的人，克萊拉也為兩人建立的家庭驕傲，可是他們已淪落到毫無性生活可言。在花了幾年挽救後，克萊拉放棄了。她很羨慕其他中年女性朋友抱怨先生慾求不滿，還說希望先生不要去煩她們；她跟她們不一樣。她一直認為自己是很需要性愛的人，只不過，以前那些愛得死去活來的對象都不是什麼好伴侶。她嫁給先生的部分原因是他很令人安心，還做到前男友們辦不到的用心陪伴。

這段婚姻，大部分的時候，她都覺得自己做對選擇。沒錯，鮑伯沒有熱情如火地愛著她，兩人確實也有性生活，不過一年只有幾次。但他身為老公和爸爸所給予的穩定和承諾，遠超過那些缺點。克萊拉的父母離婚了。她很早就決定，她不會因為先生不像她那麼享受性愛，而搞砸一段有孩子的婚姻。這是值得的讓步。她不斷在腦中複誦「一個人不可能什麼都好」，把這句話當作一句咒語，這幾年，算是讓自己的心安靜下來。

但同事開始對她調情時，她漸漸發現，自己滿腦子都想著他。他們的婚外情充滿熱情和樂趣，七個月後關係還沒斷，但她知道有一天會結束。他是很棒的情人，但她不會幻想他成為稱職的先生。她清楚表明，她很愛先生和家庭，永遠不會為了他離開先生。對她來說，這場外遇只是填補空虛，讓她同時維持家的完整，又能找回她所珍視的那一部分自己。

她也知道瞞著先生偷吃有風險。他不是那種會說「我們可以克服所有問題」的男人。他不會接受她的哀求，要他再次信任自己，也不會去想，或許是自己不易親近，才給了其他男人機會。他有一副寬大的好心腸，只不過你犯的錯必須與他無關，否則，他就跟你玩完了。她在先生對待親兄弟的方式中，見識過這一點。

她知道不是先生的問題。外遇實在是很危險的舉動，所以她和同事始終小心地隱藏身分和對話。她氣自己沒有像先前那樣鎖上手機，立刻刪除文字對話。

在一輪痛苦混亂的伴侶治療後，克萊拉的先生決定，他再也無法信任她，他要退出這段關係。一年後兩人離婚，而她的兒子堅守自己說過的話，拒絕拜訪她，也不和她講話。婚姻關係結束，孩子和她的關係也直落谷底，克萊拉心碎了。

監護權協議給了她一半的法律和生活監護權，但法官說，她的兒子已經十四歲了，可以自己作主。教養令一般適用於未滿十八歲的孩子，不過法院也經常參考十多歲孩子的自身意願來做決定。而當年十歲的女兒，根據法院命令必須每週探訪媽媽，只不過她對克萊拉的態度變得冷漠疏離。到媽媽家時，幾乎沒有超過三個字的對話，對於一些非常基本的要求，也拒絕順從。

法院、律師與法官

父母外遇的祕密被揭穿，對任何年齡層的孩子來說都難以承受，尤其是其中一方刻意灌輸前配偶不好的觀念，試圖影響孩子對另一方的看法，藉外遇來懲罰前配偶。要說有什麼能讓為人父母者氣得抓狂，莫過於眼看兒女逐漸不受自己的掌控、影響，突然間復刻前配偶的感受和指控言語。

心理學界一般將這樣的互動稱為「親子離間」（parental alienation）。發展心理學家艾美．貝克（Amy Baker）指出，研究文獻已找出十七種主要的親子離間策略，這些策略又可歸納為五大類：⑴向兒女傳達有害訊息，將被針對的一方描述成不愛孩子、不安全、未用心付出的父母親；⑵限制兒女與被針對的父母接觸或溝通；⑶抹煞被針對的父母在兒女心目中的地位，並取而代之；⑷鼓動兒女背叛被針對的父母的信任；(5)破壞被針對的父母的威信。總的來說，親子離間策略往往會引發衝突，導致兒女和被針對的父母產生心理距離。

親子離間處理起來往往很棘手，因為許多法官不了解，離間不但經常發生，而且會延續很久。此外，一旦發生親子離間，父母可能會做出某些舉動，無意間使自己看起來更有問題、更失職。法官或有目的性的律師會刻意描繪被針對的父母，把他們塑造成比幕後主使的那一方無能，或不該擁有共同監護權。

克萊拉找我諮商時，兒子二十二歲了，女兒剛滿十八歲。她離婚後就沒有跟兒子講過話，女兒則是在十三歲生日後拒絕見她。她來找我諮詢，想知道是否參加兒子的大學畢業典禮和女兒的高中畢業典禮。兩人都說不歡迎她，但她究竟該不該出席？另外，前夫跟她分開不到兩年就再婚了。他態度冷漠，毫無意願幫她和孩子重歸於好。他否認自己和子女串通，將她拒於門外。克萊拉害怕孩子離她更遠，失婚後就再也沒有其他對象。

律師和心理治療師給她的建議，讓情況變得更糟。她離婚時聘請的心理治療師告訴她，應該要尊重孩子對保持距離的要求。他將孩子的疏遠要求解釋為符合年齡的獨立爭取行為。他像許多治療師一樣，認定無論是孩子疏遠，或是前夫將外遇事件當離間武器，都會隨時間化解。「別擔心，妳是個好媽媽。他們長大了就會回到妳身邊。」

但時間和距離往往是被疏遠父母的敵人。它們不會站在你這一邊，而是導致親子關係僵化。缺乏共同生活體驗使父母與子女形同陌路。父母之中，被另一半刻意離間的那一方，必須快速果斷地採取行動。

成年子女的父母無法善加利用法庭來為自己爭取優勢，但未成年子女的父母有時可以。如果克萊拉在疏遠關係剛發生時就來找我，我會要她開除那個對親子離間一無所知的律師，找一個更了解情況的人。我也會鼓勵她的律師，要求法院判決進行家庭重聚治療——以經過規劃、接受指導或由法院監督的療程，直接處理親子疏遠的問題。家庭重聚治療在離婚後很重要，因為一家人能夠在過程中討論彼此的想法、感受和反應，一起尋找辦法、一起克服，父母和子女都能從中獲益。家庭重聚治療促使父母認真看待子女的抱怨和看法，卻不會奉這些意見為圭臬，或盲目認定他們的主張百分之百正確、可信，而罔顧父母的想法。家庭重聚治療判決的存在，承認了「有些父母需要在更多幫助下，學習與子女創造更良好的關係」，以及「子女很容易被具目的性的前配偶影響」之事實。

一般情況下，法院通常必須要求離間感情的父母投入家庭重聚療程設下的目標，因為這一方有時毫無動機去讓子女轉向和靠近被疏遠一方。若父母離婚後，子女顯然承受莫大痛苦，法官和治療師有時會建議正在經歷親子離間的子女接受個別治療。然而，個別治療缺少有父母參與的合作取向治療（collaborative therapy），無法突破其中一方促使孩子對抗另一方的強大負面影響。此外，當個別治療和家庭重聚治療傳遞的訊息衝突，則可能會形成反效果。

在比較極端的案例中，知情的法官可能會建議被洗腦的子女，在一段充分的時間內，先不要和離間感情的父母聯絡。讓子女能夠擺脫影響，與被疏遠的父母重新聯絡感情。當然，如果子女遭受虐待或不宜與該名父母單獨相處，法官不會這樣建議。

但即使父母一方有某種程度的虐待情事，或疏於照料子女，法院和專業人士因此放棄這方父母，不將其視為需要同情、保障、指引的人，實屬操之過急。將他們與孩子隔離、讓已經受創的父母受傷更重，無助於重建親子關係。這麼做等於告訴孩子，他們不僅可以、也應該要拋棄這方父母。法院和心理機構給了道德上的許可，所傳遞出來的訊息，對被拒絕的父母方和兒女同時形成強大壓力。而且有研究顯示，比起白人父母，美國的原住民和非裔父母如果被通報任何傷害行為，孩子被帶離家中、安置到寄養機構的風險較高；從法律或心理層面來看，這都是非常不公平的安排。

《高衝突的監護權戰爭》（*The High-Conflict Custody Battle*）一書共同作者布萊恩・路德默（Brian Ludmer）律師表示：「面對棘手的家庭狀況，除非法院以公權力介入，否則很難打破其中的動能。過程要有規範，意思是需要按時回法院報到，迫使刻意阻撓的父母改正行為。」他觀察到，治療師時常造成反效果，情況包括：

(1) 治療師被父母一方或代表父母的律師遊說拉攏，對陳述內容一律選擇性聆聽，而未假設父母雙方的觀點都有其道理。

(2) 未能看出棘手家庭表現出來的心理徵象，或與出庭有關的蛛絲馬跡。例如：拒絕將孩子送到父母另一方的住處、親子和解治療遲到或未出席。

(3) 未能向法院取得旨在協調親子關係的命令。

(4) 不願意向法院通報父母一方阻撓進展。例如父母一方拒絕帶孩子參加親子和解治療，或妨礙療程。
(5)認為被疏遠的父母沒救了，而非需要幫助的對象。
(6)不了解有必要快速採取緊急行動，並要針對目標和進展，設立客觀的里程指標。

假如法院不幫忙或父母無法負擔治療的開銷怎麼辦？孩子已經長大，再也不能仰賴法院的公權力，又該怎麼辦？

以下是無論子女成年與否，父母都適用的建議：

(1)遠離是非。前配偶說了汙衊你的話，並不表示你就必須回應。不管什麼年齡的兒女，都至少需要有一個理智的人在身邊，陪他們度過親子離間這場困惑風暴。藉孩子去羞辱對方不僅無法幫助他們，還會讓你看起來不安全可靠。
(2)即使你知道前配偶在背後指使，也要試著從孩子對你的抱怨中，看出一絲事實。目的不在證明孩子的看法究竟是真是假，而是表明你是個願意且能夠自我省思的人。承認在抱怨中或許有一絲真相，比抗議子女的說法有誤，更能讓他們鬆開戒心。此外，你的兒女並不曉得自己的記憶是否有誤、經過調教或有人在背後精心策劃，所以探究真假是錯誤的方向。你要展現的，是調適能力、投入的決心和付出關愛的能力。

(3) 最能證實前配偶謊言的，就是不要成為對方口中的樣子。你愈能付出關愛、展現調適能力和決心，愈不去做前配偶說你會做的事，對孩子就愈有幫助，也愈能表現出，你是孩子能夠重新依賴的對象。把自己想成在遠處散發光芒的燈塔；孩子或許需要先遠行一陣，才會回到你的身邊。堅守這些原則，你就能為孩子指引一條回來的路。

何時該反擊對方的謊言或虛構事實？

總而言之，小心為上。這可能是各年齡層離婚者最常面對的陷阱之一。父母有時可能會有意無意，降低孩子對另一方的關心程度，方式包括：

(1)透露另一方在婚姻關係中，與親職無關的某些行為。例如，告訴兒女，另一方發生了他們本來不會知曉的外遇事件。馬克的前妻告訴孩子，馬克沒有把心放在她身上，也是一個例子。這麼做的目的在於讓孩子替她難過，加入鄙視馬克的陣營。（有很多人是好伴侶，卻是難相處的父母；也有很多人是好父母，卻是難相處的伴侶。）

(2)告訴孩子另一半做了令人不齒的事，但這件事與親職教養無關。

(3)對是否支付或收到子女撫養費或贍養費的事說謊。

以上並非詳盡清單，離婚後另一半能撒各式各樣的謊。**重點不在你的反應內容，而在於反應方式**。你的各種反應都要以孩子為出發點，而非將焦點放在自己身上。例如，要努力克制，不要衝動說出：「真不敢相信你媽竟然說我從沒給過撫養費！我給了她一大筆撫養費，真是說謊不打草稿！」可以說：「嗯，我不確定你媽怎麼會那樣說。如果你想看，我這裡有付訖支票，但我現在比較關心的是你聽到以後有什麼想法。你以為我沒有付子女撫養費，一定覺得很生氣。」保持冷靜，在心裡數到十。

但若事關某些過往記憶，你就應該要直接反駁，例如，對性虐待的不實指控。如果前配偶在孩子成年後，指控你有虐待行為，請明確迅速回應，說：「我可以百分之百確定地告訴你，絕對沒有那種事。我不是那種會猥褻兒童的人，更不用說猥褻自己的孩子。」如果成年子女已經有特定的心理傾向，可以再強調：「我知道有時人們用某種方式去記憶事件，是因為他們想起關係中其他不愉快的部分。你對我有的抱怨，我都願意聽。如果你想找合格的家庭治療師談一談你的回憶，我也很樂意跟你一起努力。」但請務必確認對方是領域內的專業治療師。

這一章提到，離婚增加了疏遠發生的可能性，導致更難解決的複雜問題。你對孩子如何看待你的影響力可能因此減少。離婚還可能為孩子的生活帶來新成員，對方或許有動機阻礙你跟孩子的和解之路。因此，促成和解的關鍵在於，你要學會如何冷靜、有效、無所畏懼地回應。

4

應對心理疾病或成癮問題

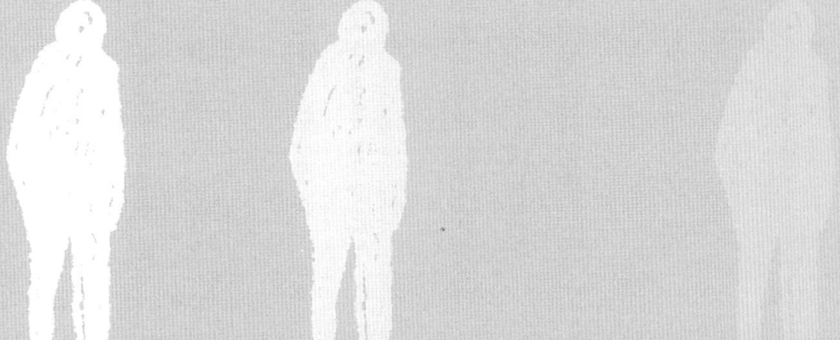

家庭對話變成了一門語言考古學。它打造出我們共同擁有的世界，豐富多層次，為現在和未來賦予意義。問題是，將來當我們深入挖掘自己的私密檔案、重播我們的家庭錄音帶，這些對話是否編織成一篇故事，成就一幅聲景？抑或只有聲響、瓦礫、雜音、碎片？

——瓦萊麗亞·路易塞利（Valeria Luiselli），《失蹤兒童檔案》（*Lost Children Archive*）

今年二十五歲的索珊娜，人生從來沒有順遂過。儘管她生來有天才級的高智商，也無法彌補從小到大，那被焦慮和學習障礙深切影響的日常生活。成長過程中，父母幫她找來治療師、身心科醫師、教練、學習專家，求助過各式各樣的支援資源。

索珊娜高二那年，父母才知道她染上酗酒的惡習。她在參加學校活動時，酒精中毒被送急診。醫院的人通知索珊娜的父母，說她嚴重酒精成癮，建議他們把她送到加州納帕市參加三十天的康復治療計畫。離開計畫沒幾週，她的酒癮又犯了。於是父母把她送到猶他州參加荒野體驗營，但效果同樣不彰。後來，身心科醫師建議父母將她送到奧勒岡州住院治療，希望她能好轉，並接著念大學。索珊娜在學術評量測驗的讀寫部分拿到好成績，加上優異的寫作技巧，所以儘管患有嚴重的學習障礙，依然申請到相當不錯的學校。依照她當時的心理狀態，照理說上大學後，應該能順利畢業。

但她沒有。

索珊娜大二第一學期勉強念完，第二學期就退學，搬去和在康復中心認識的男友同居。讓父母更氣的是，她開始怪他們為她的人生帶來苦難，表示自己再也不想見到他們。她對媽媽尤其生氣，認為媽媽過度參與她的人生：媽媽送她去見各種專家、盯著她接受治療、插手管她的課業表現、在她某次搞砸學校作業時勃然大怒。

我和索珊娜談話時，她明顯表現出對媽媽的蔑視。「她喜歡假裝自己是熱衷於女兒人生發展的好媽媽，但我真心認為，重點其實在她自己。我覺得她不能忍受自己生的孩子沒有跟她一樣的成就，還在學校出問題，去了康復治療中心，簡直丟臉死了。這跟她理想中的一切背道而馳。她想讓世界看見的是，她過著被純白尖頭圍籬包圍、花園草除得完美的生活，然後可以趾高氣揚地說：『瞧，我多完美？』至於我爸呢，只會跟她站在同一陣線，完全照她講的去做。他很懦弱，所以對他，我也沒有太多值得尊敬的感覺。」

美國這幾十年來有心理疾病的兒童、青少年和年輕成年人數量大幅增加。儘管有許多著作探討難相處的父母對子女的危險性，卻鮮少有人探討罹患輕微或嚴重心理疾病的子女，也可能在日後導致親子疏遠風險增加。心理疾病在諸多方面，使父母更有可能犯錯和誤解。

有心理健康問題的孩子，不論什麼年齡，都可能讓家人必須經常嚴肅地討論某一些問題。例如，索珊娜的父母必須思考：她只是想逃避，還是另有動機？她是焦慮，還是只是在找藉口？我們投入太多了，還是參與得不夠？我們應該要尊重她不想再接受治療，還是堅持要她繼續治療？我們應該順著她，讓她停藥，還是盯著她一定要按時服藥？我們應該催促她多參加社交活動，還是讓她整天待在房間裡？我們應該要讓她做藥檢，還是相信她沒有濫用藥物？我們應該盯著她完成學校作業，還是讓她自己面對沒完成作業的後果？我們應該把她送回康復治療中心、讓她參加匿名戒酒會，還是讓她再次跌到人生谷底？

這些問題，每一個都可能引起一連串的爭執、錯誤解讀和衝突，讓子女更容易感覺受傷或被過度疾病化，導致他們懷疑父母對自己沒信心，父母也懷疑起自身的能力。

撫養有心理疾病的孩子，可能對家庭造成額外的壓力。因為父母——不論是否有婚姻關係——經常對處理問題的最佳方式抱持歧見。他們要擔心請心理治療師、身心科醫師或住院治療的開銷（前提是負擔得起），還要替孩子找到合適的療程安排。在那些家庭裡，用心良苦的父母親們，最後可能會被成年子女認為過度介入、愛批評、未給予足夠支持或教養方式不當。

這是父母，也是子女的悲哀：儘管所有人都在談論直升機父母的壞處，但有一些孩子因為學習障礙、注意力問題、焦慮或無法管理情緒而有所需求，衍生出一大群直升機父母。雖然有些子女對父母無微不至的照料心存感激，但有些人，例如索珊娜，認為父母的高度參與象徵他們失職或太自以為是。這些人長大後厭惡父母的參與，會去想像有一個比較沒有瑕疵的自己，即使沒有父母的協助也能成功；或想像父母能更有同情心、更有耐心地應對他們的難處。

另一方面，我們不難同理像索珊娜這樣的年輕成年子女的想法：她或許真的需要父母所做的一切，但也可能同時覺得自我在這個過程中被貶抑、扼殺或輾壓，尤其是父母只有她這一個孩子。儘管就她的學業或成癮問題來看，父母無微不至的照料有其必要性，但她確實有理由感到羞愧。不論是否必要，這種互動扭曲了她的主觀世界，如同服用特效藥可能對人體形成終生傷害。

儘管父母認為自己做了了不起的大事，還砸了大錢，為她提供各種想像得到的資源，但索珊娜對自己的童年有完全不一樣的解讀——尤其是此刻，她靠自己過日子，對踏入成年生活毫無準備。

斷絕關係的動機

臨床經驗告訴我，成年子女將自己的問題怪到父母頭上，這樣的需求與從小到大的羞愧感和自我缺陷感經常密不可分。對這些年輕成年人來說，長大後與父母聯絡，感覺像一股將他們拉離停泊處的凶猛浪潮，令他們想起小時候那些覺得自己不好或有所需求的感受。

天生就有某種心理疾病，或遭遇其他困境（例如學習障礙、自閉症類群障礙、飲食障礙症、注意力問題、社交困難，甚至包括缺乏魅力），這一類的人可能覺得自己有缺陷或能力不足，讓他們對人生、成就或戀愛不抱太大的冀望。

分別與索珊娜和她的父母談過以後，我認為，這是一對擔心焦慮的盡責父母，而不是食古不化、自我中心的冷漠家長。我在評估後判斷，索珊娜之所以怪罪他們，是為了讓自己感覺沒那麼多缺陷。父母不該與她內心的強烈需求對立。我鼓勵他們承認，自己先前太過擔心她的成長過程。不論他們用意為何，或索珊娜的願望是否實際，他們都要理解，為什麼她希望父母用更好或不一樣的方式教養她，好讓她不會覺得被嚴重干預、瞧不起，被重重傷害。

我建議他們承認，身為父母，他們有一些嚴重的盲點（任何父母都有），並理解為何索珊娜認為媽媽自我中心、爸爸助紂為虐。除此之外，儘管他們得到的資訊並不支持這個觀點，依然要相信她有能力自立。

我鼓勵他們不要為自己辯解，不要去說明自己的行為、提醒索珊娜他們做了多少，或試圖用以前的付出來證明他們的愛和用心良苦。

這對父母承諾，索珊娜可以責怪他們，他們也會去同理先前的做法所導致的後果。後來，索珊娜逐漸讓自己的人生步上軌道。原因在於，父母願意承認他們讓索珊娜產生羞愧感，導致她的生活過得更加辛苦；他們將這份使人脆弱的羞愧感承接過去。隨著索珊娜開始對自立的能力產生信心，也就更能允許自己慢慢打開心房，並在經過一段時間後，讓父母重新回到她的生活。

當我建議父母發揮同理心，不要與兒女對立，父母有時會擔心我在鼓勵他們「助長」年輕成年子女的幼稚心態。有這層擔憂的父母並不了解，羞愧感對人有不利的影響，會使人產生擺脫羞愧感的強烈需求。父母需要承擔更多責任，或向成年子女展現更多同理心；這在我們這個高度注重個人主義的文化中尤其必要。功績主義的迷思說：「如果你過著不成功的人生，你只能怪自己。」當父母告訴子女：「是的，我們知道，假如當初我們採取不同做法，也許你會過得更好。」那股令成年子女感覺自己不夠好的羞愧感就會減少。

羞愧感的代罪羔羊

美國的社會流動在全世界排名倒數第二，但大多數美國人仍相信，關鍵在於個人主動性（individual initiative）。如果個人主動性並不足以帶你過你想要的生活呢？心理學家馬汀．塞利格曼（Martin Seligman）證明，個人主義強調長期個人特質與其他事件的因果關係，會讓一個人在事情發展不順時抑鬱悲觀。人人都應該有能力成為任何想成為的人，卻事與願違，這會令人非常自責。

我在臨床療程中經常看見，子女認為父母沒有提供他們足以在成年後成功的經濟、文化和心理資本，要父母為此感到羞愧，並拒絕與父母往來。在他們的思維裡，是父母導致了他們的失敗，而非更巨大的體制力量。倘若成年子女沒有打造美滿人生的必要資源，他們責怪的會是消極、失敗的父母。

這對父母來說非常不公平。歷史學家史蒂芬妮．昆茲指出：「美國人傾向將社會問題轉變為個人問題，將社會的失敗轉變為個人的失敗。」法律學教授琳達．芬蒂曼（Linda Fentiman）同樣表示：「責怪母親的做法已行之有年。就連在（小孩）鉛中毒的（訴訟）案件中，明明是房東和含鉛油漆製造商的責任，被告竟然用貶低母親作為他們的辯護策略，說她智商太低、不是好媽媽。陪審團通常會吃這一套。」

心理疾病、社會階級與教養

先不談成效，索珊娜的父母負擔得起那些照護選項，已經是件很幸運的事。而且，他們認識擔任醫師、律師、治療師或其他專門職業的朋友或同事，能夠快速聯絡到對孩子的情況最有幫助的人。

許多中產階級父母花大錢，讓孩子看心理治療師、身心科醫生和入院治療，但他們通常會背上債務，或放棄原訂的退休計畫。對普遍貧窮的美國人來說，幾乎沒什麼照護選擇。如社會學家馬修・戴斯蒙（Matthew Desmond）在《下一個家在何方？驅離，臥底社會學家的居住直擊報告》（*Evicted: Poverty and Profit in the American City*）所寫：缺乏財力和資源的父母，只能眼睜睜看著孩子反覆染毒、加入幫派、中途輟學、抵抗源源不絕的暴力威脅。

貧窮家庭跟富裕家庭不同，他們沒有作為橋梁的親友，幫忙聯絡可能提供協助的人。缺乏社會資本對貧窮的勞工階級父母形成莫大壓力，他們不曉得能向誰求助，即便知道也負擔不起。雷根執政時期，大幅削減對窮困者的心理健康服務與法律扶助資金，有心理健康問題的勞工階級或貧窮家庭子女，最終結局不是吃牢飯就是無家可歸。

我真的遇過這樣的家庭。有一名母親這樣對我描述他們的遭遇：

那是一輛小車。大家叫它小型房車是有原因的：小雖小，卻很可靠。可靠，是件好事。妳聽別人說，那樣的車子能開到三十萬公里，連電視廣告都宣揚這是一種可靠的車款，顯然小型房車都能開到那樣的里程數。那樣很好。當妳的孩子不知去向、無家可歸，住在一輛車子裡，妳也會希望擁有那樣的車。妳會希望那是一輛能開很遠的車，不會遇雨故障。因為從他第一次精神病發作開始，妳的生活就被擔憂籠罩，妳希望至少有一件事不令妳擔心。擔心，然後後悔；後悔，然後擔心。妳的每個念頭和感受，都被擔心和後悔包夾。至少他不是流落街頭或睡在橋下，最近看過他的好心警察這麼告訴妳。只要他定期把車開走，就沒有觸犯法律，警察就不能帶走他。他們會把他送去哪？最好的情況，他會被當作嚴重身心障礙人士強制留置，在精神病治療單位接受十四天治療，開始服用抗精神疾病藥物，然後出院。但他討厭吃藥，一出院就會停藥。從他十八歲開始住院治療，每一次都是這樣的結局。住院、服藥、出院。住院、服藥、出院。沒有支持團體、沒有後續追蹤、沒有心理治療、沒有身心科醫師、沒有朋友、沒有工作——他拒絕任何幫助。幸好，還有社會安全生活補助金。他可以領食物和汽油，不會在某處冷死或餓死。這是一線生機，在糟糕至極的世界裡的一線生機。當冰冷的雪、怒號的風威脅著要妳窒息或將妳掩埋，還有這能夠暖手的一絲火苗。

有時妳會搞不清，自己是希望他已經死了，還是害怕他還活著。一無所知令人迷惘。「請問是葛林柏格太太嗎？」「我是，請問有什麼事？」「很遺憾告訴妳這個消息……請妳來警局一趟。」妳有好多次想像接到這樣的電話，結果竟然到現在都還沒發生。

妳有過非常要好的朋友，一些熱心善良的朋友，她們陪妳走過一切。當妳大半夜需要她們，可以直接撥電話過去；她們這樣告訴妳，妳也這樣相信著。但妳仍然討厭她們。討厭她們為微不足道的小事煎熬——感情冷淡的先生、批評東批評西的女兒，財務上有了麻煩、身體上有了病痛——這種奢侈的生活，是沒被傷心和後悔不斷交織的火焰吞噬的人，才能擁有的。

然後妳也恨起妳的先生來。恨他竟然不把兒子放心上，就這樣不去想兒子的事。恨他相信每個人腦中都有一個開關，只要伸手過去關掉就好。就那樣，跟我一樣，不要去想就好了。而且，妳兒子又沒死。就妳所知，他還活著。他活著，住在一輛車子裡面。很好啊。

孩子不但疏遠，而且為心理疾病所苦。這樣的父母親，生活由傷心、擔憂、愧疚、後悔、悲慟一層一層堆疊。這名媽媽的兒子以汽車為家，有時與她一斷聯就是好幾個星期，有時甚至是好幾年。他死了嗎？他還活著嗎？他是不是已經陳屍水溝了？他是不是被人揍了，躲在小巷子裡偷哭？

所有被疏遠的父母親都會責怪自己。但子女有心理疾病的父母更會體悟到，就算孩子不再與他們疏遠，也依然受心理疾病所苦。子女回家或回歸生活軌道，並不表示他們的痛苦或擔憂終結或有解決之道。與這位母親相同遭遇的父母們，不得不與魔鬼談交易。讓麻煩纏身的成年子女回家，往往代表要在以下兩者二選一：一是忍受威脅、語言暴力、不負責任的行為舉止；二是把他們趕出家門，擔心他們無家可歸，甚至淪落至更慘的境地。

其他天真的父母、治療師、親友，總是建議要「在嚴加管教中體現父母的愛」。嚴厲的愛，背後的想像是不論遭遇多大難題，每一個人內心深處都藏著必要的心理資源，幫助他在跌落谷底後振作。其他人會給父母這個建議，一部分原因是，非當事家庭站在局外，很容易看見這家人犯的錯誤，因此設想，改變做法，問題就會煙消雲散，卻忽略了一個簡單卻令人痛苦的真相：當子女深陷泥淖，你不一定有解決之道。

要是成年子女真的那麼不成材呢？如果是這樣，後果對父母來說可怕得難以想像。要是那谷底是自殺呢？要是谷底是另一次精神病或躁症發作呢？要是谷底是流落街頭呢？要是谷底是另一次用藥過量，結果導致死亡呢？要是發生這些後果，大部分的父母都難以原諒自己，或要花一輩子去理解。

雖然多數情況是成年子女疏遠父母，但當子女罹患心理疾病或成癮問題，有一些父母出於懼怕身體上的傷害，會選擇疏遠。例如，子女威脅要傷害他們，或受到妄想、幻聽，甚至情緒的影響，而對父母沒有絲毫同理，有施展暴力威脅的隱憂。

另外，有些父母無法放心地讓有成癮問題或暴力傾向的子女待在家中，因為他們可能會偷取財物，或脅迫父母給予超出能力範圍、願意給予的資源。

人們很難接受自己因為不太能掌控的力量，而承受巨大痛苦。但即使是資源豐沛的家庭都有可能發現，專家中的專家能提供的協助也有限。馬克・吐溫有句名言說：「每個人都會談天氣，但沒有人能改變天氣。」基因、環境、運氣、外在影響、描繪子女一生的命運——尤其是，像索珊娜或那個以車為家的人子的命運——就連腦袋最聰明的人、環境最富裕的人，都可能面臨這個挑戰。

一部分原因在於，基因會不斷影響子女的情緒和思維，有好有壞。遺傳學家羅伯特・普洛明指出：「基因不僅影響一個人是否罹患思覺失調症和自閉症，它對各種精神疾病都有影響，包括情感疾患、焦慮症、強迫型人格疾患、反社會型人格疾患、藥物依賴。」

就連缺乏同理心、待人冷漠這類人格特質（又稱為冷酷無情特質，callous-unemotional traits），都深受基因影響。擁有憂鬱傾向基因的孩子，更容易透過那樣的潛在特性，去觀察父母的一舉一動，相較潛在特性開朗樂觀的孩子更容易用負面角度來解讀。

某些精神疾病在基因上有一個類似引爆點的日子。也就是，要到某個年齡，或發生像生離死別這類壓力極大的事件才會爆發。病症爆發前後的差異，促使某些成年子女重新檢視自己的童年，認為精神疾病的徵兆很明顯：是父母不夠關心他們。

認定父母疏忽，沒發現孩子的明顯病徵，讓許多現代家長及其成年子女在進行精神分析時白白浪費了心力，無助於釐清實情、找出答案，而且誰都無法從中獲得好處。我常聽被疏遠的媽媽說：「我疏忽了他成長過程的那些跡象。他說自己憂鬱了一輩子，我都沒看見。我應該要更留意的。我以為自己已經夠用心了。我讓他失望了。」這名自責的母親的例子讓我們看見，不只成年子女會回頭檢視童年，去掂量他們的焦慮、衝突和失敗，就連父母親也掉入這個詮釋的陷阱——將成年子女的缺陷，怪罪到父母過去的不足。

遺傳研究帶我們看見教養的限制與侷限。這些研究多少解釋了，為什麼做得還不錯的父母，可能到後來產生自己沒做好的感覺；而這取決於，成年子女對父母行為的理解和經驗方式。他們看待世界的眼光，可能讓他們誤解父母或無法理解其用意。任何生兩個以上小孩或有雙胞胎孩子的父母都知道，即使用非常類似的教養方式，也會教出個性、性情、智力、情緒表現大不相同的孩子。

顯然倒過來說也解釋得通。舉例來說，如果父母一方天生有冷酷無情的特質，子女容易感覺不被看見、不被愛或被忽視。此外，憂鬱的父母，可能會比不那麼憂鬱、比較有活力的父母，更容易覺得子女難帶難教、要求多或麻煩。或許更重要的一點，是一名父母可能在客觀認定上頗為稱職，但成年子女依然對父母有另外的期望，希望他參與更多、更少，多一點慈愛、少一點介入、多一點同理心，不論這些期望出自怎樣的理由。

所以鑽牛角尖去探究成年子女的行為成因，或辯明子女對你的指控是否錯誤，等於是緣木求魚。當成年子女對你說：「你應該要＿＿、＿＿或＿＿（在空格填入：有更多時間陪我、更有耐心、把事情看得更清楚）。就是因為這樣，我才會＿＿、＿＿或＿＿（在空格填入：那麼焦慮、那麼憂鬱、有親密關係問題、沒有成就、不會管理自己的金錢）。」此時你最好對這樣的說法不置可否，沒有必要和子女爭論。「也許你說得對。那時候我沒注意到你的感受是那樣，或我應該採取不一樣的做法。我很抱歉，沒留意到這件事。我明白，如果那樣你一定會過得更好。」換句話說，不論父母或子女，我們根本不可能確知是什麼影響我們成為現在這樣的人。所以你和成年子女都最好盡可能謙遜以對。

我的孩子有人格障礙嗎？

親愛的媽媽：

我真的覺得要讓妳知道，我受夠妳的一切了。妳只做讓自己看起來像好人的事，而我們都知道妳並不是。妳其實是個無知、自私、自我中心的人。週日跟妳一起吃午餐時，我只是要跟妳借一筆錢，就只是一筆錢！媽，這是給妳、兒子，讓他創業的錢。要是妳多問個幾句，就會知道，這正是他最擅長的領域，妳卻只關心什麼時候能還錢！有必要嗎？我以為妳是我媽媽，不是銀行員！所以，沒錯，我把信件副本寄給家族的每一個人，讓他們看看妳的真面目。因為他們不像我，對妳一點也不了解，每次都聽信妳的鬼話連篇。我實在受夠妳的批評，還有每次一逮到機會就把我踩在腳下。就算妳總是表現出不是那麼一回事的樣子，我們都知道，妳就是那樣的人。

好好享受現在這一刻，妳的其他孩子和家族成員都還喜歡妳的時候吧。因為，他們即將發現妳的真面目，然後就會跟我一樣，再也無法忍受妳了。

妳的兒子 肯恩

若你不了解信中人物的家庭狀況，讀到這樣一封電子郵件，可能會覺得摸不著頭緒。故事中的孩子可能是終於受夠媽媽的羞辱了吧，才會寫下這封咒罵她的信，還把副本寄給家族裡的每一個人。等他冷靜下來，不曉得會不會後悔。

實際情況是，這個兒子在父母離婚後，一直逼媽媽掏錢給他、要媽媽同情他的遭遇。肯恩的爸爸在他八歲時就遷居國外了，媽媽貝琪像許多父母那樣、總是對離婚的事很內疚。她不是給得太少，而是給得太多。雖然女兒們都能同理爸爸離開後她所承受的難處和壓力，肯恩卻完全相反。他怪媽媽把爸爸逼走，而且似乎喜歡從挑剔媽媽性格上的小瑕疵取樂。「養大肯恩，就像馴養一隻野狗。」貝琪告訴我：「你一直摸牠們、餵牠們，牠們想要什麼就給，野狗就不會咬你。可是只要你一轉過身，背對牠們，牠們就會衝過來，把你咬得血肉模糊。」

顯然貝琪認為她和肯恩都有錯。愧疚感影響她劃下界限的能力，她沒有早一點反駁他，而是想用無止境的給予和原諒，來證明自己對肯恩的愛和用心良苦。但若將肯恩的性格怪罪於貝琪的教養，這麼說並不正確。

早在父母離婚前，肯恩就是個難相處、目空一切、不尊重他人的人。雖然他也會違抗爸爸的話，但在爸爸的嚴正警告下，他不敢隨意造次。父母離婚後，他變得像匹脫韁野馬。媽媽如同許多離婚後擁有監護權的父母，必須代替拋棄他的爸爸，承受他對爸爸的所有失落感和憤怒。有時候，肯恩的爸爸還會被她理想化；似乎有他在，就不必承受肯恩的怒火。

肯恩情緒不穩定、自我中心、想法非黑即白、無法維持長久的人際關係或成功就業、濫用酒精和藥物，這些情況可能會被心理學家認定為邊緣型，甚至自戀型人格障礙。我並不喜歡「人格障礙」這樣的說法，理由下一章會解釋，但既然這個詞彙已經成為普及用語，而且你的成年子女或他們的另一半可能曾經這樣描述你，或有人這樣形容你的孩子，我們就有必要詳細談一談，當疏遠的家庭成員有這類不易應對的人格，假使有機會和解，會在哪些方面出現困難。

不論診斷結果為何，有些成年子女總是有辦法把家裡搞得天翻地覆。麻煩纏身的成年子女不僅會促使朋友和親人對父母生疑，還會招引本身心有不滿、積怨已久、受傷害或生病的人，加入更糟糕的陣營。如果心理失常，加上錢財或個人魅力的力量，這樣的人，則有可能吸引軟弱的人進入他們的勢力範圍，對他們唯命是從，引發更大的混亂。

在肯恩的例子裡，爸爸跟他站在同一邊，大力支持他對媽媽進行人格攻擊。

他不但沒有約束肯恩，反而協助和煽動肯恩以叛逆為名攻擊媽媽，藉此再一次證明他結束婚姻是明智之舉。肯恩的姊妹一方面試著和爸爸維持關係（她們早已放棄肯恩了），另一方面實在看不過他跟肯恩一起讓媽媽背黑鍋，因此陷入為難的境地。

父母該怎麼辦？

面對麻煩纏身的家庭成員，有時候你沒有一了百了的解決辦法。他們的內心世界通常被焦慮、憤怒、混亂給填滿，不管眼前有多貼心或實在的協助，他們的開心或滿足感都無法維持太久。

在健康的成年親子關係中，父母有比較多自由空間去表達他們的觀點、說明他們的用意，或用心照不宣的方式溝通感受。健康的人際關係裡頭有足夠的空間，能包容雙方的缺點和一切，讓彼此都能做自己。

不論診斷結果為何，當成年子女或他們的另一半身陷困境，便無法擁有這樣的人際關係，而父母必須更謹慎一些。造成這樣的情況，一部分原因在於，天生基因會不斷加強或扭曲我們對他人的看法：他是安全還是危險的人？慷慨還是吝嗇的人？認真做事還是要求多的人？善良還是殘忍的人？保羅．柯斯塔（Paul Costa）和羅伯特．麥克雷（Robert McCrae）的研究顯示，基因會持續發揮影響，要我們在以下事項做出選擇：對嶄新的經驗抱持開放或封閉態度？謹慎小心或衝動行事？外向或內向？欣然同意或心存懷疑？有安全感或焦慮？當父母和子女無法「彼此協調」，原因便是這些先天傾向有所差異。

先不論原因，如果你有一個像肯恩這樣的孩子，他會刻意製造許多破壞。因此，家有問題成年子女的父母親們，需要學會如何同時付出關愛和設立界限。這些成年子女需要關愛，因為他們的人格特質發展自一種孤注一擲的生存心態，說到底並非他們的錯；而你必須設立界限，因為那樣的人格特質可能導致子女做出某些相當糟糕的事。根據我的經驗，以下做法會有幫助：

- 冷靜說明你願意和不願意做的事，不責怪、批評或進行道德綁架。例如，可以說：「我願意幫你，但有一些條件。」或是：「我理解你為何有那些感受，不過我做不到。」不要說：「你只會伸手要，從來不懂得付出，真是個愛操控別人和帶來破壞的人。」

- 冷靜地讓子女知道，如果他們用大肆挑釁或不尊重人的態度跟你講話，會讓你很難聽進去或注意聽。說明你知道他們有重要的事情要說，你也想聽，但用帶敵意或威脅的語氣對你說話，會讓你辦不到。
- 不要讓自己被勒索，但也不要批評想勒索的子女。你只要說：「不行，我辦不到。」就可以了。或者說：「不行，我不願意。但我願意＿＿。」
- 同理他們的感受，或者說：「我能理解你為什麼有那種感受／我能理解可能是什麼讓你產生那種感受。只不過，……」
- 問清楚他們想要你做的事究竟是什麼，並且釐清，撇除愧疚感或恐懼感，你實際願意辦到哪些事。
- 以身作則示範你如何控制自己的情緒，不要表現得像要控制他們的情緒。

不論成年子女或他們的另一半被貼上的是哪種問題標籤，受心理問題困擾的人都很難建立親密的人際關係。因為對他們而言，與人親近並不容易。他們缺乏應對成年親子關係正常逆境的內在心理資源，經常感覺自己被情緒和認知綁架。

而極端的感受和想法，需要極端的作為來緩解。就像有些人會尋求酒精、藥物、性愛的慰藉，那些持續活在痛苦和失調威脅之中的人，則會想要透過控制來獲取安慰，或對他人施以掌控——不論其目的是否真的在操控別人。

5

心理治療與曲解的童年

我們總強烈傾向於相信，凡有名字的即為實體或存有，獨立存在於世。

——約翰．彌爾（John Stuart Mill），一八六九年

傑洛米的父母在他三歲時離婚了。頭兩年，傑洛米每個星期二和每隔一週的週末會去找爸爸，但爸爸再婚、搬到新妻子一家所居住的內華達州後，兩人的見面時間就大幅減少。監護權安排改成年底長假住一週，和每年暑假住一個月。傑洛米的媽媽雪莉沒有再婚，她不希望再有其他男人走入傑洛米的人生。雪莉自己的媽媽在和爸爸離婚後再婚；她發誓，絕對不讓孩子經歷一樣的事。

雪莉大半輩子飽受憂鬱症所苦。孩子年紀還小就突然成為單親媽媽，沒有另一半的支援讓她更辛苦。她沒錢接受憂鬱症治療，只好努力埋頭工作、閱讀親職教養書籍、用心聽《菲爾醫生》、《蘿拉醫生》（Dr. Laura）和《歐普拉秀》等節目的建議。傑洛米是個低調安靜、認真念書的孩子，連進入青春期都沒給她惹什麼麻煩。他還以優秀成績拿到全額獎學金，進入中西部一間相當不錯的文理學院。

可是，傑洛米念大學後，兩人的關係發生轉變。傑洛米知道媽媽愛操心，起初每星期都會打一通電話或傳訊息給她，說自己過得很好、交了些朋友。但隨著傑洛米投入學校課業和新社交生活，聯絡頻率很快就減少到一個月一次，最後再也不回電話。聽媽媽抱怨，以及媽媽認為自己被他疏遠，讓他覺得很有負擔。她愈是抱怨傑洛米沒空陪她，他就愈是不想跟她講話。

多年來幾乎沒聯絡的爸爸又來找他了，他對重建父子關係的可能性仍抱持期待。有一次，他在宿舍跟女友激烈吵架鬧分手，在學校諮商中心的轉介下，開始去找一名年輕的心理師治療。過程中，心理師告訴傑洛米，媽媽有自戀型人格障礙，建議他暫時和媽媽保持距離，將心思放在自己身上。

雪莉聯絡我的時候，傑洛米已經兩年沒跟她說話或傳訊息給她。我寄電子郵件給傑洛米，詢問他願不願意跟我聊聊他媽媽。

他馬上就回覆我。我們花了一節療程的時間，用電話討論他媽媽的事。跟他交談很愉快。我感覺他是個細心、有洞察力的人，相當關心自己的心理狀態。雖然他對媽媽語帶批評，但顯然他也很關心她，不希望媽媽難過。我也發現，比起他對媽媽的不滿，心理治療師造成的阻礙更大。這一點，本章後面再談他的事情時會提到。

治療師有可能造成極大的破壞。我們可能鼓勵一個人離婚，卻沒發現其實個案願意改變自己；這麼做，同時對諮詢者本人和個案的子女形成傷害。我們可能鼓勵一個人留在不斷讓他和子女憂鬱的婚姻關係。我們有可能支持父母將成年子女排除在遺囑外，忽視父母如何導致孩子的負面行為。我們有可能支持成年子女與父母斷絕關係，未加留意此決定對諮詢者、諮詢者的子女和被斷開的父母親所造成的可能影響。

比起因缺乏經驗、未審視偏見或有限方針所形成的盲點，更重要的問題或許在於，治療師的觀點一律反映了所在地文化裡的傾向、風尚和一時流行。假設你是一名一九五〇年代的治療師，當有女性諮詢者找你，說她無法從母親和家庭主婦的身分得到滿足感，你的目標很可能不是大力鼓勵個案投入職場，或到家庭外尋找更有意義的活動。你會仔細探究，是什麼讓她不能像其他女性那樣獲得滿足。這名主婦對操持家務提不起勁、缺乏成就感，這種與當時文化背道而馳的觀念，會被視為需要服藥治療、接受精神分析的神經官能症。

這只是其中一個例子，說明當人們對廣為社會接受的安排有所不滿，即使這些不滿或反應再自然不過，心理治療界和醫界也經常將其視為必須接受治療的「疾病」，而非應該著手解決的問題。再舉一例。一八五〇年，山謬・卡特萊特（Samuel Cartwright）醫師在《紐奧良醫學與外科期刊》（*The New Orleans Medical and Surgical Journal*）表示發現一種新的疾病，並將其稱為「漫遊癖」（drapetomania）。有漫遊癖的人容易悶悶不樂、不易滿足，閃躲效勞主人的義務，用於形容逃避奴僕工作的人。其英文字首 drapetes 源自古希臘文，意為「逃跑的奴隸」；mania 則代表「過當的活力或活動」。

這些例子說明了，治療師難以克服所處時代的社會、經濟、族裔、性別規範，而容易將適應行為，或至少是可理解的不滿，解釋為疾病。這一章要告訴讀者，現代治療師往往會沿襲這個傳統，而未嚴格審視經常導致人們幸福感降低、家庭衝突和隔閡增加的社會文化新趨勢。

這一個世紀以來，美國文化出現一項深刻轉變，認為個人獨立於家庭和社區團體外。現在的心理治療文化，既反映、也助長了美國人日益深化的個人觀念。一九六〇年代前，心理治療通常鼓勵人們聽從當代的體制規範，現在的治療師和勵志書作家則想幫助人們抵抗內疚、羞愧和他人意見的影響，不讓這些事阻礙他們發展個人才能與追求夢想。在這樣的觀點下，家人漸漸成為人們實踐完整生命的一股助力（或阻力），而非雖如預期不完美，卻有必要和可原諒的存在。過去，家庭是代代相傳、將個人融入社會的地方，如今，卻成為了必須掙脫的體制。

除了幼兒教養，大部分的心理治療師通常不會在療程中，對個案強調家庭義務，或鼓勵他們關心其他家庭成員。因此，成年子女的心理治療有時會加深家庭衝突和疏離。除非個案要求治療師協助改善他與父母、手足、祖父母或姻親的關係，否則大部分治療師會擔心，過度強調個案對不在診間的其他對象的需求或感受，會與幫助個案專注於自身需求的目的起衝突——畢竟，這才是現今心理治療的主要目標。

身為治療師，我們會用理想的教養或家庭經驗去向個案解釋：假如接受更好的教養方式，成年後的生活可能會有哪些不同。這個觀點可以幫助個案不去責怪內心那些自我限制、自我厭惡的聲音，帶他們遠離父母或其他容易放大而非消除那種聲音的人。個案會有更多創意空間去想像，姑且不論批評源自何處，假設沒有那些促使他前來治療的聲音，自己能有怎樣的感受或成就。

幫助成年子女看見自己缺乏什麼，以及理應從父母身上得到什麼，是治療師工具箱裡的強大工具，我自己也幾乎每天都用到。分析個案的童年幫助很大，因為父母和手足深刻影響一個人的身分認同、自尊心、對世界的信賴或安全感，以及他們日後成為父母的能力。心理治療師能有效幫助成年子女了解，長大成人後的表現與家庭因素有關；家庭會使一個人面臨某些不足、缺陷和衝突。

可是這麼做也有壞處：治療師會誘使成年子女蔑視甚至憎恨父母。治療師可能會鼓動他們發怒，因為怒氣是有力量的——你可以發洩怒氣，責怪他人能減輕對自身缺陷和失敗的自責與羞愧感；憤怒也是積極的——它讓我們感覺自己是反抗者，而非生命的受害者。但即便怨恨的不是對方，而是對方的所作所為，它也是一股恨意，會鼓動成年子女對父母氣憤或不屑一顧，不見得能幫他們如願掙脫枷鎖。

治療師有可能無意中，鼓勵個案認定自己是親子關係的受害者，因而無法從更全面的角度看待父母的影響。如易洛斯在《冷親密》（*Cold Intimacies*）所寫：「治療敘事會討論、標定和解釋自我面臨的困境，致使個案認定自己有各種情緒和心理問題。心理論述不僅無法真的幫助現代人管理矛盾與困境，反而加深問題。」

在這個崇尚選擇、自我表達以及——最重要的——權益的文化裡，今時今日的個人心理治療師幾乎扮演了離婚官司裡的律師角色。我們相信自己的工作是帶給客戶權威與力量，沒有義務去思考這些舉動可能影響個案家庭成員的長期福祉。我們持續宣揚一種迷思，也就是：自我實現不應受到家庭、群體、社會體系權益義務所綑綁。

要是我有不一樣的父母就好了

現在這個環境下，每一個人都對「怎樣是好父母」很有想法。我們不難理解，為何有些成年子女認定，如果是由更棒或至少不一樣的父母養育他們，就會有不一樣的人生。可是，這種社會比較就像其他狀態評估，反而可能讓人過得更不開心。做比較的人會覺得自己比別人差了一截，心想：「要是我有不一樣的爸媽，現在一定會過得更好。」

也許會吧。但從另一個角度看，這類分析可能會誘使成年子女得出以下錯得離譜的結論：

- 父母犯的錯徹底改變了他們，或他們的人生走向。
- 他們目前的心智狀態和人生境遇，主要來自父母或家庭環境的影響，而非基因、居住環境、社會階級、同儕、經濟環境或文化的影響。
- 疏遠，是療癒或改變人生走向的最佳方式。
- 與父母一起努力改善關係，或選擇有限度的聯繫，比不上疏遠的效果，或者根本不值得一試。
- 不論疏遠關係會讓作為孫子女的孩子或其他家庭成員承受怎樣的後果，都是值得的，或那些後果可以被疏遠所帶來的快樂平衡掉。
- 即使父母犧牲奉獻，投入時間、金錢和愛帶給了他們好處，他們也不欠父母什麼。

另一方面，當個案是父母，許多治療師會不認可成年子女對父母的抱怨，他們接受個案說子女權力太大、不尊重人、自我中心。但這麼做不僅無法幫助個案處理成年子女那些合情合理的需求和要求，反而鼓勵父母進行某種過時又錯誤的自我肯定訓練：鼓勵父母設下底線，無論如何都堅持要子女表現尊重，並提醒他們父母的一切付出。一名年輕記者這樣寫道：「感覺好像回到孩童時期，不但惹上麻煩，還要聽對方說教，講一些我們有多懶惰、只拿參加獎的事。」

親子關係是否能修補，取決於父母？

歷史學家史蒂芬・敏茲（Steven Mintz）告訴我，以往家庭衝突多圍繞在有形資源，例如土地、遺產或房地產。雖然這些問題至今還在，但現在的衝突多屬於心理而非物質層面，所以更難解決。

我經常聽成年子女以要求父母「付出更多努力」作為和解條件。一方面，這是公平的：成年子女希望營造更親和的互動關係，十分合理；另一方面，我注意到，有些採取此立場的成年子女，並不願意繼續談論究竟怎樣才能令他們滿意，或在斷聯的情況下，如何衡量父母的改進程度。

對於接到要求的父母來說，得不到後續回饋使人惱怒。一名父母說：「我要他告訴我希望我怎麼努力，他說那不是他的責任。不是他的責任？這是兩個人之間的關係，那是誰的責任？如果他不接電話或不回簡訊，要怎麼知道我在努力了？」

個案黛安娜是一名年輕女性。她告訴父母，自己的婚姻狀況很差，原因是他們給了很差的身教。她覺得見到父母會觸發糟糕的回憶，必須和他們劃清界限，才能專心投入自己的婚姻。她解釋：「他們分開應該會比較好吧。但那不是我能作主的。我必須為孩子和我的家庭做最好的打算，所以不能讓他們繼續待在我身邊。只要一跟他們講話，我隔天就會跟先生吵架，我實在不需要生活中上演那種戲碼。」

我和黛安娜的父母面談時，黛安娜沒有出席。我雖然建議他們以同理心聽一聽女兒的抱怨，但也能理解他們的傷心和憤怒。「對，我和太太以前吵得很凶。我是義大利人的後代，她是希臘人的後代，怎麼可能不吵？但我們從以前到現在都彼此相愛，沒有誰拳腳相向，沒有誰砸破窗戶。幫幫忙，長大吧。從什麼時候開始和父母斷聯是正確的做法？我們可是給了孩子一切。」

另外一名個案解釋：疏遠是因為待在父母身邊令她心情憂鬱，無法將焦點放在自己的感受。「從小到大，你不停操心，過度干涉我的生活，讓我產生自我懷疑。只要跟你在一起，那些感受就會開始浮現。你要先努力改變自己，我才會想要再跟你聯絡。」

權力不對等

在理想世界中，父母和成年子女會平等地溝通親子關係裡的問題，但真實世界並非如此。親子之間的互動，其實與伴侶之間的互動頗為相似。例如：太太已經做好打算，假如先生不改變自己，她就要離婚，而先生沒有想離開太太的意思。做好走人打算的太太，在兩人關係的定義上，握有較大的權力。

疏遠令父母痛苦，這讓成年子女在疏遠後，掌握更高的相對權力。這表示父母如果希望恢復關係，必須想辦法同理並了解成年子女的看法，成年子女卻不見得必須如此。父母若不主動踏出第一步，被疏遠傷到的總是父母。我們從文章〈如何與自戀父母「分手」〉中得知，不論父母過往做法是否必要、合理，對成年子女來說，疏遠和劃定界限所展現的是獨立自主、忠於自我和力量。如作者所寫：

「歸根究柢，堅持與自戀父母減少聯絡或完全不聯絡，是健康甚至令人自由的選擇。」疏遠帶給成年子女的是驕傲或解脫，帶給父母的，普遍只有羞愧、羞辱或悲傷。

這並不表示，疏遠父母的成年子女，做選擇時大多都很輕鬆，或不必承擔社會成本。根據我的經驗，多數選擇疏遠的成年子女，都經歷過很長一段時期，試著去改善親子關係。溝通學專家克莉絲提娜・夏普（Kristina Scharp）在研究中發現，大部分的成年子女表示，疏遠是在一段時間內逐漸發生。**不論最終做出疏遠決定能讓人多輕鬆，促成的基礎都是長時間的拉扯和混亂**。

英國新聞工作者及研究員貝卡・布蘭德（Becca Bland）深受她和父母的疏遠關係影響，因此成立公益組織「獨立」（Stand Alone），來支持其他發生親子疏遠的成年子女，後來對象也擴及被疏遠的父母。她在訪談中告訴我：「現在的年輕成年人將與家人聯絡看作自願舉動，以對方是否表現愛和接納為度量基準。當父母認為他們有權根據責任義務來要求子女聯絡，往往無法讓成年子女依他們認定應當的方式回應。」

除此之外，大部分成年子女確實會希望最終能了解父母的觀點。只不過，理解父母會多少引起愧疚或要承擔責任的感受，因而限制或壓抑他們的理解能力。有鑑於此，我通常會告訴考慮進行家庭治療的成年子女，他們沒有義務要去原諒對方、忘記過去或與其和解，只要有跟父母和我一起展開對話的意願即可。會這樣說，是因為我知道在大部分的疏遠關係裡，成年子女相信疏遠對他們的心理健康至關重要，不論此觀點是否與父母的需求或觀點背道而馳。

傑洛米與媽媽的家庭治療

傑洛米和我通過電話後，同意跟媽媽一起進行幾次家庭治療。雪莉說得沒錯，傑洛米是個個性善良、不多話的人。但善良有時會造成負擔；你可能會被愧疚和對關愛之人的責任感壓得喘不過氣。根據我的經驗，有時候，正是最乖巧的兒女，最強烈主張自己不必為他人的幸福負責。

我在第一次家庭治療前，先找雪莉過來，讓她對即將面臨的情況有所準備。我建議她：「不管傑洛米有什麼話要說，都要不帶戒心地仔細傾聽。不管聽了有多難受，都要試著在他的主張裡尋找一絲真相。即便他說的話和妳的記憶或自我反思有出入，都要試著去聽一聽他的意見，不要將其視為對錯之爭。」

我在和傑洛米單獨面談時，建議他直接將困擾告訴媽媽。後來，傑洛米無所保留地說出了意見，沒有去想如何不讓媽媽受傷，彷彿他就是在等這一刻一吐為快。我猜想，可能是因為我要他及早把想法說出來。

他開始說：「我小時候，妳選擇待在床上陷入憂鬱，而不是下定決心振作起來。我一直不太曉得如何把基本生活過好，如何在人際關係中，把自己的需求視為優先，因此活得很辛苦。我的心理治療師說，我因為妳而親職化。妳讓我在成長過程中情緒亂倫。所以我不想跟妳說話。我得照顧好我自己。」

我要他直接表達心聲，但我也知道，我必須解釋他的話——也就是解釋他早先從心理治療得來的觀點。這些話的含意在被拆解之前，聽起來像糟糕至極的人格攻擊：情緒亂倫、親職化、自戀型人格障礙。《心理疾病診斷與統計手冊》裡這些五花八門的標籤，在被控訴的一方耳裡，聽起來很是傷人。

緩和精神診斷用語形成的刺激非常重要，因為現行主流文化充斥著這一類語言。以前我們會罵人「混蛋」或「王八蛋」，現在則說對方是「邊緣型人格」或「自戀狂」。意思還是一樣的，只不過扣上精神診斷的大帽子，聽起來更具權威。

雖說在迷戀個人成長與發展的社會裡，精神診療或許已成為生活中無可避免的部分，但貼標籤會有不良後果，讓貼標籤者與被貼標籤者的行為都受影響。好比某人被診斷出罹患癌症或阿茲海默症，可能促使家庭成員增加或減少聯絡。精神診斷也有可能影響人們對身邊的人的態度。

傑洛米和媽媽就是活生生的例子。他對媽媽少給的部分，或人生可能受到的影響，看法並非完全不正確。有大量證據顯示，由憂鬱的父母撫養長大（多數研究以母親為對象），會對孩子形成負面影響。他的確很可能在成長過程感覺對媽媽的幸福承擔太多責任，超出他所願意或可能對他有益的範圍（但有其他研究顯示，肩負這個角色，也可能具正面優勢）。

傑洛米埋怨媽媽不改變。如果當初她了解能怎麼做，或在拉拔孩子的過程中擁有足夠的心理或經濟資源，或許她也會有不一樣的做法。

不稱職或稱職，父母有得選嗎？

許多人都不曉得，關於親職教養，其實沒有太多發揮自由意志的空間。父母們要面對的苦惱基本上有：自身的基因限制、伴侶的激怒行為、童年創傷、財務危機、為撫養小孩而被剝奪的社交活動。雪莉在教養方面的缺失，原因不只是她的父母沒有做好，還有她面臨的財務困境、容易引發憂鬱的基因與環境條件，以及少了另一個可以分擔養育責任的親職角色。

我們在家庭中建立起一種因果關係。心理治療論述讓人們相信，我們的人生由選擇來建構，並受其指引。通常這種因果關係在家庭製造的衝突，比解決的衝突還多。傑洛米認為，憂鬱的媽媽應該要、做得到發憤圖強，跳下床、逼自己去找心理治療師，想辦法振作起來。

研究顯示，多數成年子女都以父母人格特質導致他們有哪些行為來解釋疏離，而非將其歸因於大環境、經濟或文化機制。無論這套因果架構多麼符合美國人的觀念，它都無法說明憂鬱症的形成、決策的制定，甚至無法解釋人們的選擇。

治療師引導子女事後回顧，並認定父母應該知道更多或採取不同做法，告訴他們即便父母們不至於該被蔑視，被疏遠也是應該的——錯得離譜。這麼做，無異於交給父母一張育兒當年還不存在的地圖，要他們給予超出能力範圍的資源。無論如何都無法減輕有問題的教養方式所造成的大量甚至長期傷害。

當父母有情緒或身體虐待之舉，或受酒精、藥物影響而疏於照顧兒女，在這種環境下成長的孩子，親身體會到父母能夠對子女造成怎樣的傷害。那種痛，會向外散播到人生的各個方面。要成年子女告訴自己「我已經盡力了」，對長年因父母行為受苦的人或許沒有太大的安慰，也無法帶給他們投入和解的動力。因此，我才會鼓勵，要由父母去詳加了解子女的不滿，努力修補過去造成的傷害。

對父母的誤判

傑洛米的治療師沒說錯，傑洛米的媽媽需要的關愛和溫情，超出他合理預期能給的範圍。對於母子二人性情上的差異讓傑洛米非常痛苦，也沒說錯。但根據我的經驗，許多治療師將為人母的憂鬱焦慮誤判為自戀表現。心情憂鬱的媽媽可能更容易產生匱乏和焦慮感，甚至更容易貶抑他人。有些治療師會將這些憂鬱的表現解讀成自戀或其他人格障礙。

傑洛米的媽媽是否如他和治療師所認定的，有自戀型人格障礙？不但沒有，嚴重的是，那樣的診斷結果，排擠了母子二人搭起理解橋梁的可能性——讓傑洛米能不帶愧疚或懊悔的心，去接受自己能夠或應該給予媽媽的限度；讓媽媽不帶埋怨或不滿的心，去接受兒子無法填補自己為人母前後的困境這一事實。

精神診斷將複雜情緒具體化，很容易引來問題，因為現實世界裡，情緒會不斷變化、接受刺激和修正。當治療師、勵志書作家或立意良善的家庭成員想要藉由行為標籤化來達到保護目的，可能反而起到反效果。

傑洛米的媽媽完全值得過更好的人生，只不過，能給她這樣人生的人，不見得是兒子；傑洛米也值得過更好的人生，只不過，他之前過得不好，並不見得是媽媽的錯。貼給媽媽一個精神診斷結果的標籤，尤其是自戀型人格障礙這頂武斷的大帽子，實在過度簡化她的人生歷程與困境。這麼做貶低了她多年來的愛和付出（不論是否有所不足），也破壞了原本可能建立起的連結。她值得擁有不一樣的描述方式，一種更深入、更富含同情心的方式，不將她定義為放任型父母，而將她視為以自身所有去回應人生的人。

卡爾・榮格（Carl Jung）曾經寫下，唯有父母未竟的人生影響子女最深。我有幾次發現，當個案蔑視那個被他拒絕的父母，隱藏其下的是一潭替父母傷心、渴望父母快樂起來的深水。父母心中的悲傷、挫折、缺陷感變成沉重的負擔，讓子女除了放生對方，再也找不到其他的擺脫方法。如安德魯．所羅門（Andrew Solomon）在《背離親緣》（*Far from the Tree*）所言：「愛一個人和感到負擔，兩者並不衝突；事實上，愛往往會放大負擔。」

有些成年子女覺得父母對他們形成壓迫，原因並不像心理診所或論壇上經常強調的、父母有人格障礙，而是他們自身的同理心造成負擔。

選擇父親那一邊

我在治療個案時發現，像傑洛米這種情況的成年子女，可能會在長大後支持較少投入家庭、沒空陪他的爸爸，而將單親媽媽丟在一邊。這不是因為媽媽很糟糕，而是因為他沒有其他讓自己感覺與媽媽分開的辦法——他要遠離媽媽的擔憂、恐懼、愧疚，甚至她給的愛。

在這個情境中，爸爸的低度參與給了年輕成年子女具吸引力的自主權。爸爸已經證明了，不論他是否因為和家人分開或疏遠而痛苦，都可以在沒有孩子的情況下生活。因此，試圖脫離媽媽軌道的兒女，比較不需承受匱乏、依賴、要求多等風險。

兒女長大後轉而支持爸爸，會讓獨力撫養兒女的母親特別氣憤。一名媽媽在談論十九歲的兒子不理她、將曾經缺席的父親理想化時說：「我含辛茹苦把他養大，現在他爸爸竟然搶功，說兒子多有成就。那樣公平嗎？」

對疏離父母的成年子女來說，不論有多痛苦都要堅持下去，因為這關乎他們能否掙脫壓迫、追求幸福。對父母來說則只有壞處：人生最重要的功課搞砸了、為人父母的重要自我投射被否定、在親朋好友面前丟臉、失去成年子女同時失去寶貝的孫子女。而且，對那些過度在意教養失敗的父母來說，他們還失去了在孫子女身上彌補缺憾的機會。

傑洛米的媽媽在前幾次心理治療顯得非常難過。慢性憂鬱讓她難以將兒子的抱怨單純視為抱怨，而不看成對基本價值的攻擊。但就像常見的發展，她傾聽、思考、尋找當中的一絲真相，光是做到這些，就讓傑洛米了解到，媽媽其實比他所評價的還堅強。此外，她告訴傑洛米，儘管她很想他、希望能經常聯絡，但她並不如傑洛米所想的那樣，要傑洛米帶給她人生意義。傑洛米追求自己的生活、減少放在她身上的心思，並非一件自私的事。她能這樣告訴傑洛米，對兩人的關係有很大的幫助。他們討論接下來的聯絡頻率——雖然比她想的少，但比之前多很多了。

成年親子和解治療與伴侶治療類似，必須要一方願意就此打住、不再爭執。當有人願意敞開心胸，深入檢視關係中的根本問題，有時兩人的婚姻就有救了，許多婚姻關係甚至變得比從前更好。疏離的成年親子關係亦然。

6

性別認同、性向、宗教、政治與個性衝突

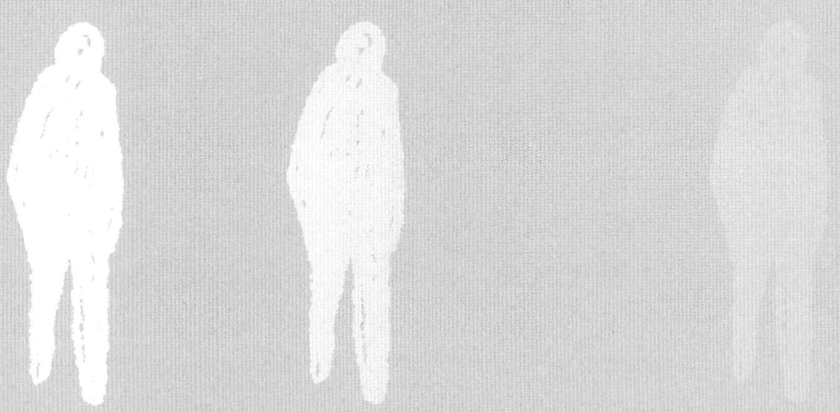

我們在偏見的引導下，撕扯我們所想要破壞的自然。

——蓋瑞．葛林柏格（Gary Greenberg），《心理疾病診斷與統計手冊與精神病學的毀滅》（*The Book of Woe: The DSM and the Unmaking of Psychiatry*）

有時候，家人其實並不是我們所想的樣子。這認知上的差異，久而久之會形成嫌隙，最後導致兩人關係疏離。舉例來說，子女的性別認同、戀愛對象的選擇（不論同性或異性）、想要生下孩子或墮胎、投票給哪個候選人、效忠哪個政黨、嫁娶與父母信仰不同的對象或放棄信仰、留給父母的時間不如他們預期，這些都有可能引發長期的衝突和緊張，從而導致失和、疏遠或最終斷絕關係。

這一章要來談一談常見的分歧點，並為被疏遠的父母提供建議，幫助他們增進親子理解、化解緊張，提高親子和解的機率。

艾麗兒是一名六十二歲的母親，過去兩年來，被二十二歲的兒子羅伯特疏遠。羅伯特正在經歷從女性改變為男性的轉換過程，並在近期接受了「切胸手術」。他十七歲開始進行睪固酮治療，從那時起聲音轉低、長出鬍鬚。他在感覺到艾麗兒不支持他變性時，開始疏遠媽媽。

在艾麗兒的口中，羅伯特是個敏感早熟的孩子。儘管在校成績優異，羅伯特剛進入青春期時卻相當憂鬱，有嚴重的社交焦慮感、自尊心低落。但即便遭逢這樣的困境，羅伯特仍是只花三年就拿到數學和哲學雙學士學位，目前選擇與媽媽相同的領域，在賓州大學攻讀電腦科學博士。

羅伯特十七歲告訴艾麗兒變性的決定時，她既驚訝又害怕。她說：「我從來沒發現羅伯特有這一面。你應該聽過，父母在孩子很小就懷疑他們的性向，因為他們會做不一樣的打扮、想要假裝成相反性別、玩不一樣的玩具、有不一樣的言行態度，但他從來沒有這些徵兆。他比較像是我們經常說的那種『很女生的女生』，愛玩洋娃娃、穿著打扮非常女性化。所以老實說，他告訴我想變性時，我毫無心理準備。」艾麗兒跟某一些變性兒女的父母不一樣；她可以順口說出正確的代名詞，稱呼之前的女兒凡妮莎為羅伯特，並使用男性的「他」。

我處理的親子疏離個案中，有一些和青春期後、子女或年輕成年子女想要變性有關。這些案例人數不多，但有增加趨勢。面對這種看似突然出現的性別不安（gender dysphoria，感覺到自己的生理性別與性別認同不符），父母要面臨的挑戰，可能比擁有幾年時間去思考子女變性的需求或願望者，來得高出許多。

子女和父母在這個議題上都承受極大的風險。確知自己想要變性的青春期或年輕成年子女，因為害怕被父母趕出家門、被社交圈孤立或遭逢暴力（他們見識過同儕被嘲笑、毆打甚至謀殺），而無法踏出這一步——他們承受的不只是身分認同的問題，而是生存。從這個觀點看，表明變性意圖是非常有勇氣的舉動，等於將關乎一生幸福的潛在事實交託給了父母。可以理解，他們或許會需要父母馬上表態支持、接納，甚至大力擁護他們的選擇；也不難看出，當父母無法辦到時，為何有可能表示，父母沒能力保護子女不被親友或陌生人的負面反應所傷，不論是否真是如此。

另一方面，未在子女身上看見性別不安徵兆的父母（子女沒有出現持續、不一致、引人注意的行為，或父母對文化中正在演進的性別概念並不熟悉），可能需要時間來確定，他們在為對子女最好的決定背書。青春期孩子的變性需求，對父母來說應該最令人困惑。正如發展心理學家艾瑞克・艾瑞克森（Erik Erikson）所言，青春期是身分認同正在嘗試發展與整合的階段。若說為人父母總是會有這一點、那一點傷心事，孩子要變性，絕對名列前茅。

我要艾麗兒告訴我，在羅伯特告知想要變性後，她有哪些反應。

「起初我心想：『門兒都沒有，你就這樣突然決定要當男生？不可能！』我只是這樣想，沒說出口。只不過我曉得，話雖然沒說出口，卻全寫在臉上了。」

「他告訴妳的時候，什麼反應讓他最難過？」

「我對他說：『你接受過心理治療了嗎？你確定？』當他要我幫他付手術和荷爾蒙療程的費用時，我說：『慢點，我們先談一談，確定這是對的選擇。荷爾蒙療程？手術？這些不該倉促決定。』他說自己很清楚，他不需要心理治療。他問我，為什麼就是不能信任他會做對的決定？這之後，焦點突然間變成我從沒了解過他。徵兆一直都在，只是我沒注意；我總是只在意自己想要的、不關心他想要什麼。」

「聽起來，妳似乎被嚇得措手不及。妳以前都沒看出來嗎？」

「相信我，根本沒有徵兆。我問過每一個從他小時候就認識他的人，他們全都跟我一樣驚訝。」

「妳一定很難受。」

「老實說，他不是性情非常穩定的人。我一直很擔心，這不會讓他更輕鬆，而是過得更辛苦。」

「從他告訴妳要變性，到妳讓他知道願意支持他，中間隔了多久？」

「我不知道，可能一個月吧？但他說，我第一個月講的每一句話都讓他證實了，我有『跨性別恐懼症』。我討厭那個詞。我沒有跨性別恐懼症，我只是為預見子女的未來生活過得不好而傷心。有時候人會生錯身體、生錯性別之類的，那又怎樣？好，現在你是男生了，然後你還是不願意跟我講話？」

該如何幫助艾麗兒？

想促成艾麗兒與羅伯特和解，要先解決不少問題：

(1) 羅伯特感覺媽媽不支持他的變性決定（先不論其感受正確與否）。

(2) 羅伯特指控媽媽從未支持他的其他人生決定，相較之下更關心自己（先不論其觀點正確與否）。

(3) 羅伯特認定媽媽出於某種偏見才這樣做。

(4) 在羅伯特提出變性前就長期存在、可能與變性無關的焦慮和憂鬱問題。

羅伯特不接受艾麗兒伸出的和解之手，所以我聯絡他，詢問他是否願意跟我聊一聊。我沒有收到回音。有時候，當我聯絡疏遠的成年子女，會發生這種情況。於是，我鼓勵艾麗兒寫和解信，問他願不願意或能不能與她展開對話。

親愛的羅伯特：

我很愛你，也很想你。我希望能想個辦法，跨越我們之間的鴻溝。我知道，這一定是讓你過得最健康的做法，否則你也不會跟我斷絕往來。儘管如此，我想試著解決已經發生的問題，看看我們能不能從頭來過。顯然我在你說想變性時做出了糟糕的回應，那是因為當時我很害怕。我能理解，我的反應為何讓你在面臨重大決定時，覺得不被支持，甚至感受不到愛。我也能理解，我的表現為何看起來像帶有偏見。我並不認為自己有跨性別恐懼症，但事後檢視，我懂你為什麼會這麼說。你對小時候的事情，理解也是正確的——我沒有看出任何跡象，並不表示跡象不存在。你說我從沒支持過你人生當中的其他決定，雖然我相信我有，但顯然，我的做法沒有讓你感覺到需要的支持。關於怎麼樣對你來說才是更好的媽媽，我還有很多要學。如果你願意讓我嘗試，我會努力。如果你想寫信或直接談一談你對我、對我們的關係、對我們以前發生的事或任何事的感受，我保證會試著去了解你的觀點，不帶防備心。或者，如果你想一起見治療師，我也很樂意跟你一起進行家庭治療。

信中有許多是艾麗兒和大部分父母都難以下筆的內容。

艾麗兒問：「我不相信這是最健康的做法，怎麼能說：『我知道，這一定是讓你過得最健康的做法，否則你也不會跟我斷絕往來』？」

「因為妳說的是**他的感受**，不是**妳的感受**。他覺得這是讓自己最健康的做法，否則他不會這樣做。妳要證明，妳可以和他站在同一陣線，而不是對立。光是強調妳對他的愛和用心付出並不足夠，妳得在心理上跟他站在一起。」

「他會不會以為我贊成他的決定？」

「他是否認為妳贊成他的決定，這並不重要。他需要知道的是，即使妳認為他的地圖不正確，也支持他描繪自己的人生。」

「可是身為母親，我的職責不就是告訴他地圖有誤嗎？不是該在他還沒準備好的時候，告訴他即將從懸崖墜落嗎？」

「這件事妳已經告訴他了。妳不能擋在中間把他趕走，要他別做選擇。沒錯，父母的確需要在不同意孩子的做法時告訴他們——至少要說過一次——尤其是當父母認為那是會傷害孩子的決定時。可是父母也必須彌補給予意見可能形成的傷害，並接受意見不對的可能性。」

「還有，說我從不支持他的決定，只不過是一種歷史修正主義。我一直很支持他的決定。我不是已經順著他，表現出他真的有心理疾病的樣子嗎？」

「我懂妳的感受。但問題在於，是否在他已經明確表示否決後，妳仍然堅持自己的版本。我們要想辦法站在他的角度看，所以妳不能說：『反正你說的都對。』妳要說，他**可能**是對的。既然他可能是對的，那麼當時妳只是不明白這一點。妳和他理解到的事實，就此搭起連接的橋梁。搭起這座橋，你們之間才會有好的交流。」

這些都是父母經常提出的問題。以下三點，是我提供建議時所秉持的原則：

(1) 每個父母都有自己的盲點。父母對我訴說他們對過去的認知版本，並不代表那就是真相。那是一個有利的觀察點，可以幫助父母寫一封同理成年子女觀點的信，消弭父母和子女對過往回憶或人事物評價的歧異。

(2) 在所有家庭裡，成員都會有自己對事實的認知版本：縱使父母有理由認為自己為孩子提供良好、甚至理想的教養方針，子女仍然有理由希望父母在親職教養做出不一樣的決定。

(3) 接受成年子女的看法有鼓勵作用，可減輕子女的敵意或戒心，比較有可能讓雙方對過去發生的事達成共識，或盡可能減少差異。

艾麗兒心不甘情不願地，向兒子寄出我協助她寫下的電子郵件。我從來都不曉得對方是否會回信。當成年子女不回覆這類字斟句酌的和解信，有以下幾個原因（不分疏遠成因）：

(1)父母的做法讓子女太難過、生氣或受傷，導致他們還沒做好與父母和解的準備，還無法原諒父母。
(2)他們認為父母並非真心誠意道歉（先不論其看法正確與否）。
(3)他們需要將自己的不幸歸咎於父母，而原諒父母就不能這麼做了。可能是因為遭逢困境的成年子女需要藉由把失敗怪到父母頭上，來保護自己不感覺到羞愧或有缺陷。
(4)交往對象或某個有影響力的人對他們造成負面影響，例如：離婚後父母另一方帶來的影響。
(5)他們覺得父母沒有充分將他們視為個體，因此需要透過生氣來感覺自己是獨立的。

所幸，羅伯特對艾麗兒的信給了正面回應。他在艾麗兒寄出信件後，很快就回覆以下文字：「媽，謝謝。我很感謝妳寄信給我，那正是我需要的話。我們聊一聊吧。」他同意進行幾次家庭治療，討論繼續聯絡要遵守的基本原則。事情不見得每次都順利，一點點進展總令我開心。

需要轉換性別的子女為某些父母帶來了概念和溝通的挑戰；試圖擺脫男女性別標籤的青春期和成年子女，需要父母學習新的語言和概念。如哥倫比亞社會學家泰伊・梅鐸（Tey Meadow）在《跨性別兒童：二十一世紀的性別歸類》（*Trans Kids: Being Gendered in the Twenty-First Century*）指出，過去非典型性別被視為精神病和性別錯亂，現在，則被視為一個性別的種類。

性別認同正在從根本重新塑造，這十年來變化尤大，許多父母還沒跟上腳步。例如，交友軟體 Tinder 上面列了三十七種自訂性別選項，臉書有五十種。皮尤研究中心（Pew Research Center）近期有一項研究指出，超過三分之一的Z世代（一九九五年以後出生者）表示，他們認識希望使用中性稱呼的人，而嬰兒潮世代只有百分之十二的人認識這樣的人。

我有一個被同性戀兒子疏遠的個案，原因是他堅持用「他」來稱呼兒子的交往對象。「抱歉喔。」這名爸爸告訴我：「我兒子出櫃三年了，但沒關係，只要他過得開心就好。可是現在他交了新男友，那個人說自己是『非二元性別』。如果我用『他』，不用『他們』來稱呼那個人，我兒子就會暴跳如雷。但我就是辦不到。所以現在他拒絕跟我對話。我心想，哇，現在你要為了這個跟我斷絕往來？

隨便你。」

我有時候會聽到父母說，他們很難使用成年子女或其交往對象所要求的新式稱呼。心理學家戴安・艾倫賽夫特（Diane Ehrensaft）寫道：「我們以為自己想出了所有的新性別稱呼，才這樣想就發現全都錯了。今天所使用的已是過時詞彙。」有些父母很討厭自己因為沒有用新的觀點去看待性別議題，而被子女斥責、威脅疏遠，或被指控抱持偏見。那是可以理解的。但如果與疏遠的成年子女和解是你的目標，那麼你最好為他們的要求保留一些空間。這麼做有幾個理由：

(1) 子女更能感受到你對他們的尊重；你對改變的意願，能夠提升親子和解的機率。

(2) 子女受的傷或被拒絕的感受，可能比你所認為的還要深。如果你願意以更接納的態度面對他們的要求，讓他們更能感受到你的關心，就比較不會與你疏遠。

前述個案的父親雖難以接受「非二元性別認同」這個比較新的概念，但還有許多父母連適應同性戀議題都有困難。舉個例子，二十五歲的賽謬聽了我在美國國家公共廣播電臺（National Public Radio）上談疏遠關係之後，前來找我。他在俄亥俄州賽歐托河沿岸的一座小城市奇利科西市出生長大。我在俄亥俄州代頓市長大，對那一區很熟悉，因為奇利科西市有蕭尼族的墳塚和地下火車站遺址，是幼稚園校外教學的熱門景點。

賽謬在五年前、二十歲出頭時，搬到舊金山住。他爸爸在奇利科西市擔任牧師，對宗教信仰很虔誠。他的媽媽生了四個孩子，在家裡當家庭主婦，熱衷參與教會事務。賽謬二十二歲時向父母出櫃，結果跟他預料的一樣……非常慘烈。

「我當然沒有期望父母突然變成同志家屬親友會（PFLAG）的活躍成員之類的，但直到現在，只要我開口說話，他們就堅持我會被地獄之火焚燒。不誇張，真的每一次都這樣講。所以，我也就不跟他們說話了。我搬到舊金山，不留在俄亥俄是有原因的，你懂吧？我需要跟理解我的人待在一起。他們不會讓我覺得，只因為我喜歡男人、不喜歡女人，我就是個變態。」

「很有道理。衝突主要跟你出櫃有關嗎？還是有其他事情，讓你和父母斷絕往來？」

「還有其他問題。我跟他們完全不像。我是逃到舊金山的怪咖。」

雖然有許多成年子女選擇跟父母類似的信仰和政治價值觀，但有些子女的興趣、個性、喜好、熱愛的事物、嗜好以及渴望的東西，與父母截然不同。有時候，當這種狀況發生，家人會無法認同彼此。研究員貝卡・布蘭德和露西・布萊克（Lucy Blake）發現，參與者經常用「個性或價值觀衝突」來解釋與父母疏遠的原因。梅根・吉利根（Megan Gilligan）、吉兒・蘇特（Jill Suitor）、卡爾・皮勒摩（Karl Pillemer）發現，有些媽媽表示兒女對人生的看法和自己類似，有些媽媽表示兒女和自己不像；後者的成年子女疏遠機率高出許多。

賽謬解釋：「在不支持我性向的地區長大，已經夠辛苦了，連家人都不支持我，讓我感覺糟糕透頂。」他說：「令我困惑的是，我爸媽基本上是好人……如果你認為思想保守、恐同和偶爾有種族歧視算是好人的話。我認為他們可以相信他們所相信的，那沒什麼問題。但你不能每次看到我，都一臉認為我急著下地獄的樣子，又期待我會想回家過節。我也有信仰，只是跟他們不一樣。我仍然相信上帝，甚至在這裡找到一個很不錯的教會。除非情況有所轉變，不然，我已經受夠了。」

「你的意思是，如果他們能不要說出對你的性向有什麼看法，你就不會跟他們斷聯？」我會在前幾次與疏遠的家庭成員見面時，了解哪些事沒得商量、哪些事還有轉圜餘地。造成他們親子疏離的原因，是父母不斷說他會下地獄。如果父母知道自己不贊同就好，不要說出來，他就能把心思放在怎樣對兩邊比較好。

賽謬的父母夾在信仰和對兒子的愛中間，進退兩難。雖然告訴同性戀兒子他會因性向受地獄之火焚燒，聽起來完全不像出於愛的舉動，但如果你相信地獄真的等在他面前，這麼說的確是一種愛。從這對父母的觀點來看，想方設法說服兒子轉變性向，是出於對宗教價值觀的深層信念。從兒子的觀點看，說服父母接受他或至少不要繼續否定他，則是建立親子關係的唯一途徑。

和賽謬的父母唯一一次見面當中，我表示能夠同理他們夾在忠於信仰的渴望和可能失去兒子的兩難。我告訴他們事態嚴重：許多因性向或性別認同而被父母排斥的子女，有很高的機率罹患憂鬱症、濫用藥物、無家可歸或自殺。

我強調，賽謬在青春期和剛成年的時候已經有過一些這樣的問題（他的父母並不知道），而且如果他們不能採取更支持他的態度，賽謬有可能重蹈覆轍。有時候，讓父母知道兒女過得多辛苦，能軟化他們的立場。

「賽謬也告訴我，他知道你們不贊同他的性向。他說，他只期望你們不要再把這件事掛在嘴邊。他知道你們希望他不是同性戀，但一直對他說這件事，可能沒什麼幫助。你們搭飛機遠道而來見我，不就是因為你們愛兒子，希望他過得快樂嗎？」

「對。我們希望他回到我們的生活。我們都很想他。」

「我懂。看樣子，他因為疏遠的親子關係受了不少苦，你們也是。性向不是自己選擇的，就像你們沒有選擇要當異性戀。**有時候，最強大的愛展現在做出對我們來說最困難的事。**」

「那些讓同性戀者改變性向的課程怎麼說？」

「那些課程沒有效果，而且他不想轉變。讓他回到你們的生活，達成彼此能夠對這件事保留不同看法的協議，而不是一道鴻溝，這樣不是感覺比較好嗎？」

「也是。只不過，如果他繼續這樣下去，我們會擔心他的靈魂。」

「我懂你們關心的事。講到宗教，我不敢妄自尊大，但你們目前的立場，只會讓他覺得被排斥和不被愛。事實證明，他在這裡也去教會，他並沒有放棄對上帝的信仰。」

爸爸說：「這個嘛……」

媽媽思忖著怎麼接話，然後開口說：「對，我們不希望他覺得自己不被愛。我們愛他，我們只是擔心而已。」

「我相信。我的角色不是要去批評對錯，而是幫助家庭看見不一樣的可能性。有一個可能性是，你們可以把焦點放在和兒子共同經歷的好事上，而非這個沒有共識的議題，好讓他回到你們的生活。許多家庭都必須想辦法同意彼此有不同的意見，你們不會是第一個在性別選擇這個領域這麼做的家庭。有些人的情況是當了父母、生孩子後，才決定認同自己的同志身分。」

他們互相對望，估量對方在聽到這些話後的反應。

「要怎麼做？」爸爸提問。

「完全由家庭成員自己決定。有些人接納度很高，有些人經歷非常痛苦的時期，但最後讓步了；有些人則就此分道揚鑣，老死不相往來。」

「那真令人難過。」媽媽這樣說完，低下頭看著自己的雙手。

我說，不討論並不表示贊同。家人之間通常會為了和諧，選擇不去談論一些可能引起爭執的話題。賽謬認為，自己做出足夠的讓步了。他接受他們本來的樣子，既不生氣，也不去嘗試說服他們改變。他需要的是父母同意不再說服他改變性向。

我不知道他們離開診間後會怎麼做，我很懷疑他們是否會接受我的提議。我唯一抱持的希望是，他們顯然都很痛苦；他們從俄亥俄州大老遠飛來找我諮詢，顯示他們有找出解決辦法的決心，而且兒子提出的條件很合理。儘管這些並非促使人們達成協議的充分條件，但給了我某些樂觀的理由。

結果並不順利。諮商當晚，我收到爸爸留給我的語音訊息。他說，他們要回俄亥俄州了。他們感謝我花時間跟他們談話，也謝謝我提出不一樣的觀點，但他們不能對與價值觀背道而馳的事抱持沉默。

疏遠的雙方會在和解時認知到，不可能每件事都符合你的想法，繼續疏遠也一樣。就這件個案來看，對賽謬和父母而言，改變所要付出的代價，重要性勝於和解所要做出的承諾。這個家庭的例子讓我們看見，有時候，你出生的家庭或你生下的兒女會和你完全不一樣，讓你們無法意見相合。遭遇這個狀況時，即使選擇走自己的路會令你非常失望，也只能這麼做了。

米克與蘿拉

「如果你們下次選舉再投給川普，我們就斷絕關係。」一對來找我諮商的夫妻，收到以這句話開頭的信。「你們在第一次選舉被他的種族歧視鬼話騙到，我們這次可以原諒。但要是你們看不出他有多邪惡，想繼續支持他，那我們不希望你們出現在孩子身邊，也不希望你們在我們身邊。愛你們的戴爾和芙朗。」

戴爾是米克和蘿拉的兒子，芙朗是他們的兒媳婦。

政治過去從未像現在這樣，經常成為家庭成員的歧見來源。這個議題和許多疏遠的理由一樣，從成年子女口中說出的抱怨，有時參雜了其他元素，或融合了各式各樣的不滿。例如，政治學者克里斯多福・歐赫達（Christopher Ojeda）和彼得・哈特米（Peter Hatemi）發現，感覺受父母支持、與父母關係良好的子女，更有可能接納父母的信念。如同對性別或性向的本質所抱持的矛盾意見，政治信念相左也會使兩人在價值觀和身分認同上有所差異、背道而馳。不論父母位在政治光譜的哪端，要幫助他們忍受兒女的蔑視或怒意，都不簡單。

父母們要如何同時保有自己的想法和理想，並與子女一起邁向和解？專門研究婚姻關係的約翰・高特曼（John Gottman）發現，關鍵在於幫助夫妻深刻同理是什麼價值觀促成了另一半的決定或行動，能夠遏止足以撼動婚姻關係的常見潛在歧異。高特曼認為，歧異是家庭生活的一部分，就連模範夫妻都存在分歧點。

我發現，這個模式可幫助父母應對成年子女的不滿。套用高特曼的模式，我們要鼓勵父母和子女知無不言、言無不盡地討論政治差異，以及其他潛藏的不滿，藉此了解成年子女深受父母政治傾向困擾的原因，並表達同理心（即便你並不認同他們的結論）。而且，要避免扯進對錯之爭，或任何爭論。

米克和蘿拉將這個模式記在心裡，去找他們的兒子戴爾談。戴爾透露，他不只對他們的政治觀點生氣，也對另外一件「事實」耿耿於懷：他們總對比較有成就的哥哥偏心。他說，他從小就覺得被爸媽忽略。戴爾認為他們偏心哥哥，還覺得自己被忽略，讓這對父母非常驚訝。他們聽從我的建議，不再三保證沒有那樣，或去證明他說錯了，只是同理身為孩子和成年人的他有什麼感受。他們拿出同理心和溫柔，聽他訴說以後能如何幫助他，讓他感覺自己在父母心中同樣重要。經過幾次家庭治療，父母的做法開始讓戴爾卸下心防，踏上和解之路。除此之外，他們說好了，無論如何，以後都要避免談論政治話題。

心理學家戴安・艾倫賽夫特曾寫過，將性別看作光譜的重要性。她建議我們將父母的接納和支持也視為光譜——不論你希望父母接納或支持的事，關乎性別、性向、政治或其他歧異。我認為這是一套很有用的架構。我們有可能用未經審視的偏見、不加思索的言論、言詞過當的意見傷了兒女，兒女當然也有可能用同樣方式使我們受傷。但如果，我們的目標是拉近與兒女的關係，那麼就必須透過他們的眼睛去看世界、住在他們的皮膚裡、套入他們的現實，即便只是暫時這麼做也好。

瑪麗・凱瑟琳・貝特森（Mary Catherine Bateson）寫道，**婚姻仰賴不停變化的兩個人持續互相調整。與成年子女之間的親子關係也是如此**。他們在改變，我們也在改變。他們身上有我們不喜歡的事，我們身上也有他們不喜歡的事。我們的任務是找到方法，讓我們的愛和支持，在親職教養的過程成為指引的光，照亮溝通之路，增進親子感情、減少傷害；也照亮耐心之路——願探索成年親子關係中多半未知的新領域時，我們及兒女們，都能懷抱耐心。

7

女婿、媳婦與邪教領袖

她去更衣，回來時，穿著美麗的外出服。她發給大家婚禮小物，然後與先生一起離開會場。之後兩人就會大吵一架。吵架演變成綿延數月、數年的恨，以及種種攻訐和侮辱。全是因為這些先生和兒子有義務向母親、姊妹、祖母們證明，他們曉得如何當個男人。

——艾琳娜・斐蘭德（Elena Ferrante），《我的天才女友》（*My Brilliant Friend*）

山姆大學時第一次把瑪麗亞帶回家，她就沒有在他家人心中留下好印象。她大部分時間都坐在沙發上用手機，幾乎沒有跟家中任何一個成員互動交談，包括跟山姆感情要好的兩個姊妹。山姆似乎有一點尷尬，但他貼心地不勉強她與家人互動。

「我想，她只是害羞。」山姆的媽媽在他們第一次見面後這樣對先生和女兒說：「我們算是講話比較大聲、比較強勢的家庭，而她是獨生女。山姆是這樣說的，對吧？我覺得，要給她時間來認識我們。山姆跟她在一起看起來很快樂，那才是最重要的。」

山姆正在念高三的妹妹莎拉說：「我覺得她很糟糕。說真的，我大概主動問了那女人十個問題，聊她在大學的課業、嗜好、家庭、長大的地方。算了。我希望她能讓山姆快樂，但我以後真的不想再那麼努力去認識一個人了。媽，她有向妳提出任何問題嗎？」

「沒有，但沒關係。」山姆的媽媽樂觀地說：「她可能只是需要時間來融入。如果她能帶給山姆快樂，那我就沒關係。她不需要當我的好朋友。而且她雖然是他第一個認真交往的女朋友，但又不一定會娶她。」

莎拉說：「我的天啊，希望不要。因為我懂那種女生，娶這種人很恐怖。相信我。」

莎拉說得對，媽媽看走眼了。

山姆跟女友交往不到一年，就和父母、姊妹、祖父母、小時候的朋友統統斷聯了。他的家庭關係和許多個案一樣，在短到令人吃驚的期間內迅速惡化。許多小誤會和單純溝通不良的情況，都被山姆的女友（以及維護女友的山姆）解讀為山姆的家人在刻意傷害她、對她有敵意、想要操控他們。每次只要山姆和瑪麗亞來過家裡，隔天山姆就會怒氣沖天地打電話來罵人，大吼著說父母或姊妹不尊重瑪麗亞，說他們「狀況外」。山姆的媽媽問瑪麗亞有沒有生小孩的打算，山姆說她管太多，讓瑪麗亞覺得被嚴重侮辱。她還說她不喜歡山姆媽媽煮的料理，所以不想再過去吃晚餐。

山姆的家人驚訝地發現——後來連朋友都發現——山姆的個性有了驚人的改變，從友善、喜歡外出，變成一個冷漠、充滿敵意的人。

山姆的爸爸在第一次面談時，對我說：「她彷彿掌管了他的心智。我們愈是苦苦央求，他就離得愈遠。我們試著聯絡她的父母，但他們沒有想幫忙的意思，一副我們對他們女兒很壞的樣子。我們說：『我們只是想讓孩子跟我們講話，但似乎是從他們交往以後，他就不想再跟我們維持任何關係。我們不知道自己做了什麼。』他們仍舊一副事不關己、是我們對他們女兒很糟糕的樣子。如果有必要，我們願意向她道歉。但他們好像連幫我們接洽、向她道歉都不願意。他們雙方顯然還有聯絡，因為我們還看得到山姆的臉書，看到他們有好多活動。」

在我的經驗裡，這情境普遍得令人吃驚：成年子女和問題纏身或極度缺乏安全感的另一半在一起，對方覺得被他和家人或朋友的感情所威脅，慢慢鼓勵他放棄先前的所有人際關係，只剩下對她，以及她家人（這種情形並不罕見）的情感依賴。

這一章我要處理導致疏遠關係的其中一項棘手問題：女婿和媳婦。我要討論：成年子女為什麼有時候會切斷與所有人的聯繫？他們的疏遠隱含著什麼因素？我要討論：我們能不能抱持改變女婿、媳婦的希望？身為父母親，要怎麼去理解你的女婿或媳婦？我也要說一說拉荷的故事：她跟湯姆婚後沒多久就跟父母斷聯了。拉荷和湯姆的故事將在這一章扮演指路明燈，帶我們了解為什麼兒女的另一半經常成為疏遠的因素，以及如何解決。

有問題的守門人

拉荷今年三十三歲，育有兩名子女。雖然她和父母從以前關係就非常不穩定，但她是直到嫁給先生以後，才和他們斷絕關係。拉荷的先生湯姆是一名律師，身上隱約散發出一種蔑視和瞧不起人的優越感。拉荷的父母從一開始就跟湯姆處不來。例如，他們不喜歡他緊盯拉荷吃什麼、經常在講話時拉高音量壓過拉荷的意見。「感覺像要抹除她的個性。」拉荷的媽媽在第一次見面時這樣告訴我：「她一直很會說話、聰明、直言不諱，突然之間，變成了一個安靜、順從、害羞的人。我真的很想問她到底為什麼要跟那種人在一起，但我知道她會不高興，所以我閉口不談。但或許我應該要說點什麼，因為現在，她已經完全不跟我說話了。」

湯姆的爸爸在婚禮上對拉荷父母說過的話，事後回想應該是一種警告。他說：「湯姆不是很好養大的孩子，也不是很容易相處的人。我們可能在他成長過程中犯了很多錯……我希望他們在一起會快樂。」拉荷的父母現在回想，發現最後那句話，聽起來比較像是懷疑，而非真正的祝福。

婚後沒多久，拉荷開始減少和父母聯絡。早在婚禮前，他們就注意到，湯姆從未和她一起參加家族活動，而她總歸咎於他的工作。她跟父母從幾週聯絡一次，減少到每六週聯絡一次，再減少到每兩個月聯絡一次，然後完全斷聯。起初拉荷給的都是一些普通的理由，例如「我很忙」、「我想過去但沒空」，到後來，當父母抗議她逐漸失去回音或沒空來訪，拉荷的反應愈來愈負面。

終於有一天，湯姆用他寫律師函的信紙，寫了封信給拉荷的父母，要求從今以後所有聯絡都要透過他來進行。

沃克特先生、沃克特太太：

以後麻煩都透過我來聯絡。每次你們寫信給拉荷，她心情都很糟。我想，你們完全不了解自己有多愛批評和多麼負面，也不知道那對她從小到大影響有多深。你們可以繼續寫信給她，但從現在起，所有信件都要經過我這邊。我會先讀過你們的信，如果認為適當，我才會轉交給她。你們兩個完全不懂如何為人父母，所以我們只好這樣。另外，我也建議你們去諮商，弄清楚為什麼拉荷不跟你們有瓜葛會比較好。

祝好

湯姆・亞當斯律師

這封信令拉荷的父母親深感困擾。不只因為湯姆指控他們不是好爸媽，還因為他把自己當作守門人。更令人氣惱的是，他從一開始就表明不在乎他們的感受。他們要怎麼說或做，才能證明自己不是他認定的那種人？而且要是拉荷對他們不滿到這種程度，她為什麼不或不能自己告訴他們？她以前向來以身為獨立堅強的女性為傲。她已經不一樣了嗎？如果她真的有這些抱怨，為什麼要讓先生來替她發聲？她以前從來不會羞於表示不滿。他們究竟做了多糟糕的事，她竟然需要先生來替她擋下父母的聯絡？

邪教領袖式洗腦

我在臨床治療中，經常看到媳婦或女婿把自己當成權力極大的邪教領袖，要另一半絕對服從。最有效的一種洗腦方式，就是說服成年子女相信他們的父母很糟糕，甚至邪惡得不得了。如果父母真的有虐待行為或失職，我們不難看出這種操作手法為什麼很容易成功。但相同的方式，即便用在功能正常的家庭也非常有效，尤其是親子關係特別緊密的家庭。

是否表示，成年親子關係本身隱藏重大問題，配偶才能見縫插針、借題發揮？有時的確如此。但我認為這類疏遠關係的成因，大多無法用此解釋。我的看法是，幾乎每一個成年子女遇到這類問題極大的伴侶，都很容易落入操控陷阱。

舉例來說，無所不用其極控制他人的伴侶，會說服成年子女相信：

- 他們有糟糕的童年，包括受虐等經歷，只是回憶遭到壓抑。
- 他們過度依賴父母，需要多為自己發聲，或捍衛（在想像中）被父母惡毒對待的配偶。為達此目的，操控伴侶的一方可能會把家庭生活中常見的不愉快，放大成父母有令人無法接受的嚴重人格缺陷，不能寬容以待。
- 所有與父母或相關人士間正向有益的往來，都要重新解釋成有負面影響，先發制人，不讓父母有機會說服成年子女遠離問題配偶。

有趣的是，我們也經常在加入邪教的人身上，看見以下這些類似特質：

- 個性或信仰突然一百八十度大轉變。
- 將童年重新理解為糟糕或被虐待的經驗。
- 說出來的話彷彿被人指點過或與個性不符。
- 排斥父母、手足或任何親近他們的人。

• 排斥任何與過去有關的事物，例如：從前視如珍寶的童年物品。
• 思考非黑即白。
• 人生計畫徹底改變。
• 舉止神神祕祕。
• 接受教條式信仰。

史丹佛研究員菲利普·金巴多（Philip Zimbardo）寫道：「值得注意的是，邪教思想控制是常見的社會影響手段。它們從順從、服從、說服、失調……情感操控及其他著名社會心理學原理變化而來，在日常生活中用來引誘我們：購物、嘗試、捐獻、投票、加入、改變、相信、去愛、去憎恨敵人等。邪教思想控制和日常生活的變化版本並無不同，差別只在邪教控制的程度更強、更持久、時間更長、範圍更廣。」換句話說，一旦條件對了，我們都很容易被操控，做出具傷害性或有問題的舉動。

善於操控他人的人有一項特質，就是能夠下意識或有意識地看出別人怎樣感覺比較好。舉例來說，如果伴侶對自己是否夠聰明感到不安，他們會讓另一半覺得自己很聰明；如果伴侶對自己能否成功感到不安，他們會讓另一半覺得自己潛力無窮；如果伴侶認為自己缺乏魅力，他們會讓另一半覺得自己很有吸引力，但還能好上加好。一方面，他們會訴諸匱乏感引起的痛苦，同時暗中或直接承諾幫助另一半消除一切痛苦。另一方面，也利用這些不安全感，來達到操控目的。

兒女的另一半與你為敵，怎麼辦？

讓我們回到山姆一家人身上。如果兒女的新婚妻子、丈夫或交往對象發揮極大的影響力，積極促使家庭成員形成疏離關係，你一定要認知到，他們是新來的老大，也是未來掌管你與疏遠的成年子女或孫子女能否聯絡的人。

我在第一次面談告訴山姆的父母和姊妹：「你們不能繞過她，只能透過她來聯絡，所以你們不能對他批評他老婆，因為他會把話傳到她耳裡，讓你們陷入更深的困境。你們也不能當面批評她，因為她會用那些話，在你們兒子面前對付你們。如果這是法院，目前你們還沒證明自己的清白，在兒子心目中是有罪的。你們也不能跟兒子建立獨立的溝通管道，因為那樣會讓她備受威脅。」

我鼓勵山姆的父母，將他的女友當成一個脆弱且易受刺激的人，不要把她想成是在刻意分化他們。我強調：「你們對她的態度很重要，因為恐懼和失去的感覺會引起一連串情緒，讓你們過度反應、有侵略性、對兒子或瑪麗亞情緒失控，這絕對不是你們想要的。最好把這個有問題的伴侶想成兒子身上的一顆炸彈。要記得，如果你們找她麻煩或操之過急，她絕對會毫不猶豫點燃導火線。謹慎一點，甚至帶點同情心，能幫你們放慢腳步，用這種情況下必須要有的尊重和克制態度與她交流。」

在我多聽了一些關於瑪麗亞的事情後，我發現，她顯然有嚴重的社交焦慮，嚴重到幾乎和每一個人互動都很痛苦；因為互動會引起恐懼、自我懷疑和自我譴責。被山姆帶到家人感情親密、互相堅持己見的家庭裡，大家放聲說話、個性外向，簡直讓她嚇壞了。她或許一直坐在沙發上傳簡訊，表現出自我中心、不願參與的樣子，但她可能是在試著緩和心中不斷擴大的恐慌感。後來她詆毀山姆的家人，儘管行為不妥，但那是因為她要證明，自己有理由防範落入會引發焦慮的情境。她之所以想要讓山姆跟家裡斷聯，也是因為要控制自己的恐懼，防止他們家的人影響山姆去反抗她（儘管這件事根本不可能發生）。

意思並不是她很容易對付。有時候，為了減輕焦慮而捍衛自己會造成一些後遺症，讓焦慮的人更容易與人針鋒相對、態度疏遠，或兩者皆有。除此之外，跟瑪麗亞有同樣性格的人，不需要很多證據，就會認定某個人逾越了他們的人際界限，應該要趕快扔進垃圾壓縮機。理解某人為何做出難相處的挑釁舉動，不見得能指引你邁向和解。如某一名被疏遠的岳父在評價女婿的時候所說：「即使他有憂鬱症和焦慮症，不代表他就不是個渾球。」但是，不了解是什麼促成挑釁的負面行為，就難以解決問題，反而得承擔惡化的風險。

我鼓勵山姆的父母分別向瑪麗亞和兒子寫一封和解信。不是因為我認為瑪麗亞會軟化，或認為他們做錯任何事，而是我希望，這麼做能讓兒子有能力去修正瑪麗亞的強硬態度。根據我的觀察，疏遠的主因是他對瑪麗亞忠心不二，害怕被她否定和拒絕。父母愈是認可她在兒子的生活中大權獨攬，兒子就愈有可能開口說：「我認為我爸媽能理解。他們在努力嘗試了，給他們一個機會吧。」他們愈是能尊重她的界限、表現得不帶威脅性，她就愈有可能感覺往來是安全的。相反地，父母愈批評她，她就愈是能夠聲稱先生的家人有傷害性，惡毒又危險。

但個性怎麼會改變呢？

許多父母告訴我，以前乖巧懂事的兒女，現在個性變得跟那有問題的交往對象一模一樣。有時候，這樣的想法其實反映了，兒女可能一直想改變，而父母不得不把這件事怪罪到新婚的另一半身上。例如，兒女其實早就想減少陪伴父母的時間、更強力捍衛自己的主張，或多把不滿說出口，而另一半幫助他們自在地這麼做。

但有時候，配偶的確也會讓人變得負面或有敵意。我認為，這麼做是為了要解決利昂・費斯汀格（Leon Festinger）一九五七年提出的「認知失調」問題（cognitive dissonance）。費斯汀格寫道，我們都有強烈的動機，渴望在思考過程體驗一致的自我。因此，當我們注意到信念之間存在不一致，就會改變其中一個或多個信念，讓內心信念達成一致。

如何用認知失調理論，來解釋山姆是怎麼從體貼和善的家庭成員，變得愛批評又易怒？

以下是個性轉變的可能過程：

(1) 信念：父母和姊妹是我應該要關愛和尊重的好人。

(2) 信念：瑪麗亞討厭我的家人，認為他們對我洗腦，讓我覺得他們對我很好，但事實並非如此。

由於山姆愛他的家人，也愛瑪麗亞，所以陷入兩難。如果他繼續跟瑪麗亞在一起，就會因為歧見與她不停爭吵，或必須逼她多和家人互動，而她已經說過不喜歡他們、在他們面前不自在了。如果他繼續和家人保持聯絡，便會覺得愧對瑪麗亞，因為她已經表明他只能放棄家人、選擇她，與家人頻繁往來等於背叛她。

山姆每天晚上都會回家、跟瑪麗亞待在一起，所以最能減少認知失調的方式，就是接受她對家人的看法是正確的。山姆採納她的做法後，認知失調進一步減少了。他不再去想瑪麗亞的行為對錯與否，也不必再去處理長久以來對家人的愧疚、傷心和懊悔。他想表達的是：「瑪麗亞對你們確實很糟糕，我也是。都是你們造成的！瑪麗亞是對的，你們錯了！」

跟女婿和媳婦相處時常犯的錯

有時候，父母指出子女未來伴侶的行為或個性有哪些明顯的問題，會將子女推向有問題的伴侶那一邊。例如，第一次約會，子女可能會問父母的意見。父母可能回答：「他有前科，你是不是應該要注意這件事？」或：「你不覺得他無法自力更生是很嚴重的事情嗎？等你們生了小孩，你不就要一肩挑起經濟重擔？」不管父母的意見是否公平合理，子女都有可能認為父母在質疑他們的眼光和判斷力，急著投靠另一邊，展現叛逆和獨立自主。

換句話說，年輕成年人覺得必須靠向伴侶那一邊，可能是想藉此強調他們的選擇是對的，而不是因為，已經確定對方是他們的真命天子或真命天女。青少年可能在學校拿爛成績、用石頭砸自己的腳，透過這種方式讓家裡的人知道，即使要砸，那也是他們的腳。他們看不見叛逆行為本身的自我毀滅性質。

媳婦或女婿的家庭史也非常重要。他們和父母之間的問題，很有可能發生在你們身上。如果他們認為父母管太多，那麼也有可能認為你控制過度。如果他們覺得自己被父母排斥、貶低價值、被遺棄，那麼他們有可能對你做的事或說的家庭話題反應過度，試圖說服你的兒女，你比他們所知道的還要愛批評、容易排斥他人。如果他們與自己的父母疏遠了，那麼很可能會鼓動你的兒女朝同樣的方向發展。

子女結婚後，與他們結合的不只是婚配對象，還有對方的心理特質，以及對方多年來在家庭關係中無意識累積的精神包袱。你的子女在婚姻中結合了對方的敏感、脆弱和尚未解決的問題。你愈是了解這些事實，就愈能從容不迫地應付將刀子架在子女喉頭的人，化解險象環生的局面：「你要選你爸媽，還是選我？不能兩邊都要。」

如果問題出在子女身上

又或者，其實子女的配偶身心相當健康，是你的子女受心理問題所苦，導致他們無法忍受成年親子互動中正常發生的不愉快。他可能需要聯合配偶和對方的家人一起反抗你，藉此隔絕常見的親子互動問題。他們可能太敏感、憂鬱、焦慮、沒安全感或深陷問題，導致他們無法應付一般的家庭衝突。他的脆弱可能意味著，他必須用簡化至極的方式來建構世界：「其他人對於我，非敵即友。」這就是為何，疏遠的子女有時不只和父母斷聯，也和所有跟父母相關的人斷聯，甚至不再聯絡他們尊敬的祖父母、兄弟姊妹、叔叔、伯伯、姑姑、阿姨、舅舅。

為什麼要這麼做？可能是他自信心過低，無法忍受有人挑戰他。例如，他不能接受仍與父母聯絡的手足說：「爸媽沒那麼糟糕……他們是好人。我覺得你對他們不公平。再給他們一次機會吧。他們到底做了什麼，讓你有理由不跟他們講話？」

許多子女與父母疏遠，其實是不想發生衝突。成年子女心有愧疚、過度承擔責任、過度害怕讓對方傷心，可能會讓他們寧願完全抽身，也不要與父母爭吵。理解這點可以幫助你不要逼得太緊，強迫子女接受他們不能忍受的事。遇到這種情況，最好鼓勵害怕表達不滿的人，將內心的想法說出來。

邁向和解的方法

(1) 永遠從自己做起。我們都有自己的盲點，即使我們認為做法非常正當、合理、富含同情心，仍有可能沒看出，我們其實正把子女推向有問題的伴侶那邊。

如何分辨問題在你，而不在子女身上？以下提供幾點線索：

- 你和媳婦或女婿的問題，同時反映出你和朋友、同事、配偶或其他家人的問題。
- 有其他人跟你反應，你的行為舉止比你所認為的還有問題。
- 你曾經嘗試和媳婦或女婿更有效溝通，並收到正面回應。

(2) 即使你認為自己沒有做錯任何事，都請寫一封和解信。要記得：收信對象不只是你的媳婦或女婿，也包括你的兒女。你的目的是讓兒女理解，你在努力嘗試了，應該獲得一個和解的機會。這也是好方法，讓你看見媳婦或女婿是否有意願恢復聯絡。

(3) 每次都要讓有問題的媳婦或女婿參與你和兒女的溝通。如果你要送生日禮物給成年子女，請務必也送一份給他們的另一半。過年過節的禮物也一樣，總是記得問候兒女的另一半。透過成年子女，傳遞你對他們的關愛，即便，你內心想送的其實是摻有砒霜的信也一樣。這麼做實際影響的是成年子女，而非他們的配偶。除非兒女本身想單獨建立和平關係，否則不要想著這麼做。

(4) 不要抱怨兒女的另一半。話傳出去，會讓你的生活更糟。

(5) 即使你不喜歡，也要尊重他們心中、你身為祖父母所應該遵守的界限。

(6) 如果你的兒女或他們的配偶認為道歉不夠，就再道歉一次。或許無法說服成年子女，但能讓他們看見，你正想盡辦法讓事情好轉。

兒子和女兒，誰更容易在婚後疏遠父母？

我從實務經驗中發現，**男性更容易在太太或女朋友的負面影響下與家人反目**。理由很多，占比最大的是：太太就算不是他們唯一的朋友，也是最要好的朋友。換句話說，當太太或女朋友希望他們與家人斷絕來往，如果他們持反對意見，所要付出的代價較高。因為太太或女友對他意義非凡，是他獲得支持和關愛的主要來源。

除此之外，支持女朋友的想法，能夠強力展現男子氣概。不想被說是媽寶或擔心無法給女友幸福，可能是他容易被操控的原因。「現在我是你新的家人，你應該要把我和我的感受放在第一位」令他難以拒絕，尤其是牽涉到小孩的時候。

雖然現在，美國男性跟太太站在同一陣線反對媽媽，用這種方式來證明自己是獨立自主的情況相當普遍，但這在從前不見得會被視為好事。家庭歷史學家瑞貝卡．喬．普蘭特（Rebecca Jo Plant）指出，展現男子氣概曾經被視為母愛和投入的延伸，而非斷絕連結。南北戰爭結束後，男性回到家中，照顧他們的人是母親，不是妻子。維多利亞時代的媽媽會稱兒子為「小情人」，兒子則稱媽媽為「心上人」，完全不用擔心被人嘲笑。現在你絕對不會想使用這樣的稱呼。

歷史學家史蒂芬妮．昆茲寫道，維多利亞時代的人認為兒子一輩子都需要且欣然接受母親的愛。但到了一九二〇年代，人們開始轉變想法，認為這樣是過度干涉、把兒子當小孩來養；成年男性應該遠離母親的影響，甚至與母親的關愛保持距離，好證明自己的男子氣概。她舉一九二六年的知名戲劇《母子情》（*The Silver Cord*）為例。劇中的年輕妻子成功鼓動先生，擺脫母親對他的生活干預。昆茲指出，到一九二〇年代末，成年子女與父母間的聯繫，已被婚姻關係的聯繫和個人隱私徹底取代。

事情還有後續發展。到了一九四〇年代和一九五〇年代，母愛變成會讓兒子生病的一大因素，被認為會導致娘娘腔、同性戀，甚至讓人做出顛覆政局的舉動。有一段時間，媽媽們成了害兒子得思覺失調、自閉症和一長串心理疾病的罪魁禍首。將母愛或與母親之間的深厚情感病理化，造就一股意識形態，鼓吹人們發展自我，脫離與家庭的關係和義務。

男性還有另外一項弱勢，就是他們傾向透過關上心門，來避免感受沉重壓力，或不讓自己被情緒「淹沒」。專門研究婚姻的約翰．高特曼指出，對大部分的男性來說，婚姻滿意度不只取決於太太在性事上的配合度，也取決於太太是否不會批評他們。因此男性更容易想辦法避免衝突和批評的發生，即便這麼做代表要減少與親友往來也無妨。

相反地，女性往往扮演維繫家人感情的角色，比較容易因為沒有照顧家庭的需求而受到譴責。家庭感情維護者要負責記家人的生日、節日、畢業日，確保送出禮物、寫好卡片和致電問候。維繫家人的感情與她們有利害關係，家庭關係緊繃會使其痛苦。但是否維護家庭感情，端看個人對家庭的定義。有不少例子是，媳婦將先生的家人視為外人，成為親子疏遠的主因，卻與自己的媽媽感情非常要好。

男性通常比較容易甩開家庭感情維護者的角色，所以可能比較不會對跟父母斷聯感到愧疚。最後，對男性和女性來說，對配偶的支持都可能涉及：本身希望脫離原生家庭，成為自主的個體。他們可能因此感覺更有力量或更獨立。簡單來說，這樣更能讓他們在自我發展的過程感覺自己是個大人。

當兄弟姊妹和父母不同調

山姆的父母比較願意接受我的引導，但他的姊妹不是很願意這麼做。她們都極度厭惡瑪麗亞，以及她對父母造成的痛苦。而且她們覺得自己受排斥——以前她們跟山姆感情要好，現在被他排除在生活圈外。她們雖然希望讓山姆回到她們的生活，但也嚥不下這口氣。而山姆的父母為了挽回兒子，什麼都能吞忍。

成年親子關係中的衝突，往往與手足衝突不同。對疏遠的子女來說，拒絕父母可能牽涉到自主和力量的展現，甚至是對長期未表達的痛苦或憤怒，施展有助益的反擊，藉此大力主張自己與父母平起平坐，重新平衡權力關係，完成成年的最後一步。

對被疏遠的父母來說，疏遠要承受與子女斷聯的痛苦，以及失去自我身分認同和自尊。他們再也無法自認為愛孩子的好爸媽。他們失去兒女的忠心和關愛，再也無法以這份敬重自豪。

父母與兄弟姊妹感覺痛苦和受影響的方面不同。這是因為手足通常不會像父母那樣，因疏遠而感覺身分認同動搖、自尊受損。兄弟姊妹不像父母有那麼多責任義務或權力象徵。被成年子女批評不是好爸爸或好媽媽非常嚴重，但被說是糟糕的兄弟姊妹，不論多難受，都不像父母那樣，在權威或道德方面承受痛苦的挑戰。手足在衝突中必須扮演怎樣的角色，相對來說模糊許多。因此手足衝突惡化得很快；個中涉及的利害關係，不見得大到讓某一方願意積極化解。但願意積極行動（亦即，承擔超過客觀上理應承擔的責任）往往是化解家人疏遠的必要條件。第八章討論到和兄弟姊妹有關的議題時，我會為父母們提供更多指引，討論如何面對未被疏遠的兄弟姊妹。

斷聯的規模

一個人可能只與他的父母、手足或其他家人疏遠，但有時候，有些成年子女會與所有家庭成員斷絕關係。山姆就是如此。為何要與全部的人斷聯？成年子女可能有其誘因，例如，想減少與配偶或男女友衝突，但那不會是唯一的原因。對某些人來說，**疏遠提供了重新定義自我的寶貴機會**。與家人往來的壞處是：自我省思機制可能會不斷強化某種觀點，與我們本身所期望的自我看法相左。我們本身期望的自我看法，也就是法國精神分析學派所說的「自我理想」（idéal du moi）。

從這個觀點看，與過去所有認識的人斷絕往來，就像一趟精神探索之旅，不帶糧食供給，走入樹林恣意漫遊。你想證明自己擁有成功的力量，你的心靈能夠在那裡獨自生存下來。這對認為自己過度依賴父母，或成長過程在家中感覺有所缺陷、羞恥或深刻誤解的人來說，吸引力尤其強大。但和一般大眾認知不同的是，即使明顯沒有失衡或未受疾病影響的家庭，也可能發生相同狀況。

切斷與父母或家人的聯繫具有極大的力量；尤其是，我們的社會裡，少了標注生命歷程的文化儀式，和其他成年與成為主宰的象徵。因此，被疏遠的一方若想與家人和解，再怎麼不解和痛苦，都一定要承認或認清，在家人做出的疏遠決定裡，存在著一絲益處、力量，或對主宰的渴求。你很想說：「真不敢相信你這樣對我。」但最好克制一下，改說：「我知道，要不是你覺得這對你最有益，你也不會這麼做。」因為那正是疏遠一方的感受。

山姆的父母最後與他和解了，不過和解並非發生於一夕。他們得要先在一段不算短的時間裡讓他看見，他們容得下他脫離父母獨立自主，並且展現同理心、不批評山姆保持距離。他們也必須耐心地持續主動聯絡瑪麗亞，並在被她批評或她表現出敵意時，不牽引出自我捍衛的心。這很不簡單。但這麼做，最後幫助他們實現了親子和解。

拉荷的父母就沒有這麼美好的故事結局。就算拉荷的父母願意修正、同理、負起責任，做了許多了不起的努力，最後卻連拉荷的先生都不再回應。當和解無望，父母要如何調適心情？要如何面對這個傷痛？如何不再去想，改變做法是否能帶來轉機？接下來幾章我會探討幾個關鍵問題。在這裡，我要引梅蘭妮．高斯．哈里斯（Melanie Gause Harris）的詩，為這章作結。

失去女兒這門藝術

妳試著一次忘掉一件事
她的第一步和第一個字
每一天，用順髮液和寬齒梳
幫她整理彎來捲去的頭髮
幾個月前她還在妳肚子裡
然後好多個日子
妳滿足地看她在屋內蹣跚學步
敲打鋼琴鍵
收看《羅傑斯先生》*
老公要妳繼續安心睡
抱哮吼的孩子到浴室吸蒸氣
妳如何可能丟下呼吸不順的她

* 譯注：指美國已故知名主持人羅傑斯（Fred Rogers）所主持的兒童節目《羅傑斯先生的鄰居》（Mister Rogers' Neighborhood）。

妳幫她洗澡時唱
「我給了她我全部的愛」
拿起粉紅色嬰兒浴巾
裹住她繼續唱
「這是我所能做的一切」

妳將她留在
教會育嬰室的那天，妳哭了
那晚妳讓她跟其他嬰兒在一起
大家都說她不吵不鬧
但她看見了妳，開始嚎啕大哭
妳幹嘛要把她留下來呢？
妳知道，她不懂發生什麼事
她在托兒中心，被叫到角落
面壁罰站，把眼睛都揉腫

仍不願承認
沒做的事

念幼稚園時，忙著指揮同學
像扮家家酒
一年級時，學業成績優異
而時間就這樣過去
多年了
開始交男朋友
有人求婚
妳向他送上祝福
那一次他讓妳好傷心
後來他不讓她見你
妳每一天都傷透了心

所以，是時候遺忘
她被迫從中選擇
她選擇了他
妳懂，要記住太痛苦
有妳陪伴的成長時光，結束了
妳必須每一天練習失去她
妳懂，這練習會花上一輩子

妳看見她穿白色瑪麗珍鞋
走得好遠
她繼續向前，搖搖晃晃
迎向她的未來
他們說
她很棒，表現很好

8

最相似也最陌生：手足疏遠

莎莉和卡拉兩姊妹需要有人幫忙解決長期失和的問題。這十年來，她們一下疏遠、一下和好。卡拉和媽媽喬安住在一起，莎莉則與媽媽斷聯了。兩人都認為媽媽情緒總是大起大落、喜歡氣沖沖地罵人，非常難相處。但面對媽媽到現在為止都還在她們之間引發衝突，姊妹倆各自採取了不一樣的人生策略。兩人最近一次爭吵，是因為卡拉要求莎莉負擔她照顧媽媽所付出的時間和金錢，被莎莉拒絕了。兩人來找我幫忙調停，希望在鬧上法院之前，再努力最後一次。

我和她們見面時，對她們看起來南轅北轍、完全不像一家人感到非常驚訝。卡拉比莎莉小兩歲，但外表年輕很多。她很有魅力、馬上融入周遭的人，懂得幽默地開自己玩笑。莎莉比卡拉大概高了三十公分，看起來像隨時要找人吵架的樣子。她坐下來，一副沒什麼好談的態度，跟其他人一樣，先入為主地認為我會站在妹妹那一邊。

聽完她們的目標，我問她們在生長同一個家庭裡，有著怎樣的成長過程。她們對童年經歷的描述，提醒了我，**基因和環境的交互作用，往往在手足身上形成較多差異，而非類似特質**。卡拉小時候個性安靜、敏感、樂於助人；莎莉個性直接、態度強硬、敢愛敢恨。卡拉能一個人靜靜地解決問題，度過情緒的風浪；莎莉總是覺得自己被情緒困住，動彈不得。

從莎莉對童年的敘述，可以明顯聽出，她很羨慕卡拉能自在穿梭於媽媽的情緒變化，不僅優雅地介入鼓勵媽媽振作，還能在媽媽的情緒從憂愁不耐轉變為憤怒時快速逃離。莎莉說，在她們終於斷聯之前，兩人就像進入第九回合對戰的拳擊手，互相叫陣、正面對決，一步也不相讓。

我克制住想要靠攏卡拉——姊妹中比較迷人理智的那一方——的衝動。我看得出來，莎莉的情緒管理能力有限，以致童年時期無法適當應對媽媽那令人喘不過氣的管教方式。莎莉的情緒起落很有可能引發媽媽更大的怒火，導致她較少得到媽媽的支持。卡拉則非常了解媽媽的脾氣，懂得避開會受傷的路，在快要演變成衝突前讓自己脫身。

父母總是會告訴子女：「我們對你們的愛是一樣的。」但大部分子女都知道那是謊話。我知道媽媽對我比對哥哥偏心。我當了整整八年心肝寶貝，善加利用自己的可愛、無辜和一切小心機。哥哥的個性比較適合好戰的家族，不適合美國中西部的郊區部落，讓我享盡了個性討喜的孩子所能受父母喜愛的有利因素。

所以我懂莎莉為什麼討厭卡拉；就像哥哥會在爸媽走出房間時揍我一拳，或把我手臂往身後拗。在戀母情結中獲勝的一方總有自己的代價要付。

莎莉的童年過得痛苦、青春期過得痛苦，長大成人後也過得很痛苦。她讓我想起其他彷彿帶著三度燙傷來到世上的個案——他們很容易在每一次的人際接觸中受傷，並感覺到痛苦。不過，天資聰穎的莎莉後來進入達特茅斯學院攻讀生物碩士學程，在那裡認識來自愛爾蘭的研究生同學尚恩，並與他墜入愛河。

尚恩是個非常棒的男生，他是老天給那些在人生跌跌撞撞的倒楣鬼的珍貴補償。尚恩就像莎莉所需要卻不曾擁有的父母，他充滿深情、很少驚慌失措，又能由愛出發，在事情一發不可收拾、造成破壞前設立界限。是尚恩鼓勵莎莉嘗試家庭治療，不要鬧上法院。

顯然需要有人幫卡拉和莎莉了解彼此為何爭吵。從莎莉的角度看，卡拉從媽媽身上得到更多關愛，再多金錢都無法彌補這個事實。這是因為卡拉比較可愛討喜，這些人格特質讓她從媽媽那裡得到了莎莉所永遠無法企及的愛。

從卡拉的角度看，莎莉看不到她為了照顧媽媽所做的種種犧牲，也看不到那些犧牲妨礙她追尋人生中其他有意義的事，例如談戀愛或把時間留給自己。除此之外，因為莎莉占去「壞女兒」的角色，導致卡拉更覺得自己應該要當個「好女兒」，不讓父母擔心。媽媽的確為了莎莉的斷聯而傷心，但她對卡拉從小到大明顯偏愛，是導致莎莉活得不快樂，最後走向疏離的原因。

成年手足疏離，能怪到父母頭上嗎？

我經常在療程遇到個案，希望探討父母差別待遇的事。他們想要知道，這是否影響了他們的信心或自我知覺。兄弟姊妹通常是最長久的家庭關係，因此容易在彼此的人生中產生重大的正面或負面影響。研究顯示，當父母比較偏愛其中一個孩子，這樣的差別待遇，甚至會在子女成年後影響他們的整體幸福感。這些子女日後憂鬱或自尊低落的機率，也比較高。

儘管如此，父母對手足關係的影響，卻不如我們所認為的那麼大。兄弟姊妹可能因為交友、各種活動和戀愛對象的選擇，而走向無法預期的方向，導致與其他手足感情失和。那些失和的行為表現，遠超過父母所能掌控或影響的範圍，尤其是在貧窮家庭或財力有限的家庭。即使由認真盡責、用心良苦的父母扶養長大，這些手足之間的差異仍有可能導致日後雙方感情失和。雖然父母有非常多行為會導致子女之間手足關係惡化，但幫助子女和好的方法卻非常有限。

手足關係往往不是某項因素直接作用的結果，而是在文化、街坊、網路、經濟環境安定度、運氣好壞等因素與先天基因傾向的互相作用下，持續調節產生。事事反對、態度激進、反應過大、缺少同理心的子女，或罹患注意力不足過動症、學習障礙、自閉症類群障礙，甚至是有憂鬱和焦慮傾向的子女，可能會給父母以及兄弟姊妹帶來困境。更麻煩的是，對父母來說比較好相處的子女（例如卡拉），可能會讓比較不討喜或與父母個性差異較大的子女（例如莎莉）感到嫉妒、生氣，甚至對兄弟姊妹做出虐待行為。

許多父母，尤其是媽媽，認為子女感情失和或彼此疏離，代表自己不是很稱職的父母。這點非常糟糕。因為事實上，現代父母對孩子之間的手足關係好壞，影響非常小。現代手足之間，就像婚姻和成年親子關係，幾乎都是建立在彼此的情感上。如家庭歷史學家史蒂芬．敏茲所言，以前兄弟姊妹競爭的是物質資源，現代兄弟姊妹競爭的是難以具體量化的情感資源。「媽最愛的人是你」不像「爸給你一百英畝的地，我只有這頭不中用的牛」那樣容易計算多寡。**當我們衡量的對象是關愛，當中會產生許多的誤解和敵意。**

手足衝突和芥蒂有時看來無法避免，但美國人並不是一直有這樣的歷史。美國建國初期，歐裔美國人往往扮演支持其他手足的重要角色。在非裔美國人、原住民族、歐裔美國人的家庭裡，手足關係是消弭財富、地位和權力不均的必要力量。二十世紀前，兄弟姊妹之間通常彼此忠誠、互持好感，而不是相互較勁、衝突頻頻。沒有人喜歡公開較勁。歷史學家達萊特・亨普希爾（C. Dallett Hemphill）在著作《手足：美國歷史中的兄弟姊妹》（*Siblings: Brothers and Sisters in American History*）指出，在富裕的家族裡，例如新罕布夏州的布朗家族、麻州的塞奇威克家族、賓州的雷諾斯家族、南加州的伊扎德家族，「兄弟姊妹往往會公開表明互相效忠，做任何決定都會徵詢對方的意見」。

歷史學家彼得・史登斯（Peter Stearns）指出，家庭人口從一九〇〇年一個家庭平均生四到五個小孩，縮減到一九二五年一個家庭平均生兩到三個小孩，專家們也在此時首次警覺到手足衝突的問題。教育改革家桃樂絲・肯非爾德・費雪（Dorothy Canfield Fisher）——取名自喬治・艾略特（George Eliot）著作《米德鎮的春天》（*Middlemarch*）裡，崇尚理想主義的角色多蘿席亞（Dorothea）——在一九三二年警告，父母應該要努力制止子女之間互相競爭、妒忌。「在子女之間激起競爭……父母可能因此破壞子女當下和未來的幸福。」史登斯表示，大家庭的孩子通常將自己視為團體中共同分擔責任的一分子，小家庭則有可能導致兄弟姊妹之間感情變淡、競爭變多。而正如卡拉和莎莉的例子，感情變淡有時會激發衝突。

手足家庭治療

夫妻關係研究指出，深刻理解另一半的觀點，往往能幫助彼此從僵局轉變為退讓和溝通。經驗告訴我，幫助手足理解對方的觀點，也有益於化解僵局。

但要幫助任何人互相理解，絕不是簡單的任務。兄弟姊妹可能在想法上存有某些不小的精神包袱。父母親通常願意盡一切努力，讓疏遠的子女回到他們的生活；兄弟姊妹則可能比較沒有那麼高的動力，去展現讓衝突化險為夷所需要的投入程度、同理心和責任感。

一如成年親子家庭治療，成功與否，關鍵在於誰握有最大的權力。這樣的權力不一定來自財富或地位，而是誰擁有較多對方想要的東西。權力較低的人可能更有動機，去適應權力較高的一方所開的條件，因為對方能對你產生正面或負面的影響。舉例來說，如果父母的目標是與疏遠的成年子女和好，那麼子女擁有比較大的影響力，因為他們可以強力主張自己需要成長，需要力量，需要擺脫他人的壓抑。就子女這邊來說，斷聯有很大的好處，和解則有壞處；但就父母這邊來說，與兒女長期疏遠幾乎沒有好處，繼續疏遠更是糟糕透頂。這項事實，弱化了父母在溝通過程的權力。

但兄弟姊妹來到診間時通常地位相當，彼此都有對方想要的東西。例如，一個人希望減少疏遠的愧疚感，另一個人希望與對方有更多相處時間。發展心理學家露西．布萊克觀察到，姊妹之間互動起來，通常比與兄弟互動更頻繁、正向。此外，雖然對父母或其他家人的責任經常成為一種負擔，但承擔責任也可能讓人覺得自己在家中享有地位或產生意義。

莎莉希望卡拉承認：莎莉在家裡屈居下風，卡拉到現在仍然因為是較受寵的孩子而享受好處。她也反對卡拉提出要媽媽付照顧費用的要求，因為那樣會影響到她以後能分得的遺產。

兩人目標大不相同。我思忖著怎樣才是對她們最好的做法。很多人以為家庭心理治療師會像法官一樣：公正無私地傾聽，手上握著一支法槌，宣判誰對誰錯——案件駁回，離開法庭前請去找執達員。但我幾乎不曾動用這項權力。我反而比較常試著幫助他們，用更直接明確的方式，談一談自己的期望和要求。

這麼做也有風險。對個案來說，講出自己的感受、需求或看法非常冒險，可能會讓他這輩子對家庭抱持的說法變調，引發更多自我批判、愧疚感和傷心。大部分的人都會想避開這些情緒。對不願意改變說法的人而言，那些最好不要感受到的糟糕情緒，同樣誘惑著他們，所以有些人逃避心理治療——大家經常誤以為，尋求幫助是儒弱的表現。此外，他們不想揭開努力掩蓋的痛苦情緒或回憶。

尤其是家庭治療。對自己或他人透露太多會有風險，因為在場的家人能夠塑造、反對、反駁個案長久以來為自己建立的形象。他們構築的故事情節，地位可能會從自傳裡的事件，降格為受爭議的看法。有些人基於相同原因，而不願意在假日拜訪家人：除了避免衝突，也因為他們努力改變或改寫的自我投射。

卡拉與莎莉：困難重重的家庭治療過程

卡拉踏出和解第一步的意願比較高。

她開口說：「莎莉，我知道，妳的處境比我困難。我知道，媽媽從小到大對妳不是很好，妳為此付出很大的代價。我也知道，爸爸置身事外，一定讓妳覺得他和媽媽站在同一邊。」

莎莉說：「對，就是那樣。」眼睛盯著她的手機。

「所以我能理解妳為什麼會認為：我都從他們身上得到一切了，憑什麼還能再拿錢？」

「沒錯。」莎莉不為所動。

「我懂，莎莉。我真的懂。」

我沒有事先教卡拉這樣應對。我很高興她這樣處理。雖然共同面談沒有什麼進展，但這仍然是改變互動關係的起點。

我要莎莉也想一想卡拉的處境，結果對她來說很不容易，她總是講到一半又開始嚴詞抨擊。她姿態高傲地說：「妳覺得自己免費住在媽媽家過得很辛苦，而現在妳想要拿薪水。」我試著示範給她看能怎麼做，但她辦不到。顯然，複述卡拉的處境這一個要求，在莎莉眼裡，等於是要她去認同對方。理想情況下，她會說類似這樣的話：「所以，卡拉，聽起來妳認為我沒有考慮到妳為媽媽付出的一切。那是我們必須花錢請人來做的事，所以妳應該要拿薪水。還有，這也代表，妳無法像我一樣，自由自在地去做其他喜歡的事。我說得對嗎？」要是莎莉能像那樣描述對方的想法，我會接著要她再進一步去挖掘那些話語當中的真相。能夠說出：「對，我能理解妳的感受。雖然妳跟媽媽的感情比我親，但那妨礙了妳去追求其他想做的事。」這麼說不代表她贊同卡拉，或者她要改變自己的想法，只表示她能理解卡拉採取那樣的立場不是一件瘋狂的事。事情並沒有如我所願發展。我們沒有在第一次會面中，找出解決的辦法。

暢所欲言的自由

為什麼對莎莉而言，要說出卡拉的立場這麼困難？莎莉來參加家庭治療前，本身就是比較不善溝通的人。她就像許多承受生命苦難的人，以為一旦立場鬆懈下來，她所仰仗的保護牆就會坍塌。不論對錯，她認為，人生當中的一切成就都是辛苦爭取來的。她根深蒂固地認為，卡拉在家裡就是備受疼愛，她說什麼都沒有卡拉的意見有用。身為治療師的我也會被卡拉吸引，像她的媽媽和每一個人那樣，站在卡拉那邊。

我決定改變策略：我不再試著要她去思考卡拉的立場，而是將焦點放在她此時此刻的感受。

「莎莉，複述卡拉說的話，這麼做一定讓妳覺得，超過了卡拉應得的待遇。感覺想必類似：『為什麼她能一輩子都當那個受疼愛的孩子，還能要求拿錢？我為什麼要再重演不公平的模式？』」我偷偷看了卡拉一眼，想知道她是否反對我這樣說。她沒有反對。

「嗯。」莎莉回應，用不放心的眼神看我，等著看我還會說什麼。

「也許那是妳的立場，我能理解。從卡拉的角度，她覺得自己應該得到更多。但從妳的角度，完全不必接受那些條件。對妳來說可能太強人所難了。站在妳的立場，可能會認為：『抱歉喔，我想我們得上法院解決才行，因為我真的不覺得妳該再得到比現在拿到的還多。要是妳覺得不公平，那就這樣吧。』」

「話說，我不是出現在這裡了嗎？」莎莉語帶一絲輕蔑地對我說：「要是我真的那樣想，我們也沒必要付那些錢給你了，不是嗎？」

我回她：「沒錯。」對她把矛頭指向我並不意外。「而且我也認為，在這裡解決問題，應該比上法院所要花的錢少一些。我只是想說，我們還有一個選項，就是達成共識，再也不必去花心力在這上面。」

我經常在家庭治療發現，講出比當事人更極端的極端立場，有其好處。如此一來，大家會開始討論各種可能的選項。婚姻治療中，當有一方或雙方不斷威脅離婚，以此恫嚇對方，或拒絕配合對方的改變要求，我也會用上這個方法。雖然我不是大力提倡離婚的人，尤其是牽涉到孩子的時候，但我並不認為那是會削弱心理治療師力量的禁談選項。所以我有時候會把當事人說不出口的話講出來：「我向來最不贊成有小孩的夫妻離婚，但也許我們該討論一下這個選項。」接著我會停頓，觀察他們的表情是鬆口氣還是害怕，再繼續往下：「你們有沒有想過，如果離婚，誰留在家裡、怎麼安排共同監護權、怎麼告訴孩子？」

我會在建議個案結束治療、接受夫妻分開的選項時，強迫夫妻倆檢視這個決定會引起哪些感受。這麼做能抵銷離婚作為操縱武器的力量，讓雙方能自由地直接談論威脅離婚背後所隱藏的感受。**這是你想要的嗎？讓我們認真考慮一下吧。**

我自己也曾經一步步走向那樣的深淵。雙胞胎兒子還小的時候，我和太太為了挽救婚姻接受過伴侶治療。我都說那是一段「黑暗的歲月」。兒子出生後那十年，我們似乎不只一次輪流說出：「也許我們分開比較好，這樣真的不行。」我們不是藉此威脅對方改變，而是想要表達，也許結婚是個嚴重的錯誤。我們設法在雙胞胎兒子的需求，以及我對於讓女兒在重組家庭裡感覺到安全和被愛的需求中取得平衡，結果被壓得完全喘不過氣。我沒辦法融入太太心目中公平親暱的家庭生活，讓她非常沮喪。我則覺得她太投入親職，不像兒子出生前那樣花時間找樂子。我們都想像，會有某個更適應我們的脾氣和理想的人——這個人，在我們糊里糊塗闖進婚姻的過程中錯過了。

幸好，我們找了一位優秀的伴侶治療心理師，讓我們能挺過風暴，或至少爭取到足夠的成長時間。我從中親身體會到，維護抱持某種立場的自由（甚至是極端的立場），會幫助人看清楚一件事。你能因此對未來有更清晰的覺察。否則你可能會認為，那種觀點太危險了，不要輕易嘗試。雖然當中關係複雜，但我們的文化強調，家人之間可以說：「你不喜歡？想走就走吧。」這是一種自信和權力。有時候，光是對自己或其他人申明這個事實，就能賦予你力量。釐清立場後，你會更容易知道，自己究竟是否希望根據那樣的立場行事。

說出禁忌的話，在成年親子治療也很管用。有時候，我提的主張甚至比成年子女目前向父母提出的主張還要強烈。當我感受到他們在拐彎抹角說話，我可能會說：「你覺得爸爸從小到大的做法令你失望，那你現在為什麼還要陪在他身邊？」他們可能會說出類似「那是他說的，我可沒說」這種話，提供某種掩護，讓他們得到允許，去探索可能害怕說出口的事。我提出比成年子女更大膽的主張，讓他們更客觀地覺察自己的立場，衝突也會比由其中一方說出口來得小。假如成年子女真的那樣想，這個想法現在被拋出來，可以討論了。但假如我說的不是他們的想法，這就給了他們修正說法的機會。

這就是為什麼，我總是告訴父母先同理子女就好。反過來想一想成年子女的話，針對他們抱怨裡的一絲真相採取行動。**你愈是能當一個一起去了解抱怨的人，而不是一味替自己辯護，就能愈快了解他們對你的感受**。更重要的是，他們也能愈快釐清自己對你的感受。

他們不是已經有想法了嗎？不，情況並非總是如此。存在於黑暗裡的東西，也會在黑暗中壯大。不能說出口的禁忌，也有可能因為禁止不說，而無法得到理解。大聲說出來，並且看見雙方都能挺過這場風暴，會是你們了解自己怎麼想的好機會——等你們說出口，就能知道，你是不是真的那樣認為。

尋求同理

雖然我不確定自己能不能成功讓這對姊妹互相妥協，但我察覺到她們對彼此有感情，只是無法放心地表露出來。第一次面談並不順利，我通常會在結尾要求個案說一說他們喜愛、欽佩或欣賞對方的哪些地方。這麼做不僅創造機會修補面談過程產生的傷害，也能讓關係往更信任、正向、開誠布公的方向前進。

從她們的回答可知，卡拉欣賞莎莉不論後果如何，都能強勢、有自信和毫不畏懼地為自己爭取想要的東西。儘管莎莉嫉妒卡拉，但她為卡拉感到驕傲，認為她能輕輕鬆鬆地將正面經驗和其他人帶入生活。她們都欣賞對方的幽默感。但面談結束時，我並不曉得問題是好轉，還是變得更糟。不管你們是手足、夫妻或父母與成年子女，家庭治療都沒有那麼容易，不是每個人都有意願嘗試。第一次面談結束後，比之前更沒有頭緒的狀況，並不少見。有時候，某一方覺得被家人或被我誤解，我卻在下一週的面談才知道，狀況在前後兩次面談間惡化了。

另一方面，有時候兩次診療的間隔，給了個案空間，讓他們將面談時因摩擦而鬆開的聯繫，再次繫好。我經常很訝異，人們能夠洞察和體悟幾個星期前都還無法理解的事。中間的空檔讓一些個案更冷靜客觀地思考心理治療師或家人的話。此時，他們再來面談，便已準備好換個方式互動。

家庭心理治療圈常說，最不健康的成員要趕快進步，才有可能看見進展。我在下一次診療發現，莎莉的態度開始軟化。她看起來還是一副要吵架的樣子，但似乎不再預設我會自動往妹妹那邊靠攏。少了些毫不遮掩的譏諷，她對我的意見才終於多了好奇心。

莎莉的新態度給了我希望。這代表她或許能同時做到不放棄自己的目標，又能同理卡拉的立場。接下來一個月，她們各退了一步：莎莉同意卡拉和媽媽住在一起，可以動用媽媽的一些財產；金額比卡拉要求的少，但比展開家庭治療前她所能拿到的多。卡拉也同意向莎莉提供每個月的支出明細和收據。這麼做能消除莎莉的疑慮，讓她知道卡拉沒有拿超過應得的分。更重要的是，她們在診療過程的相處時光，讓兩人開始一步步消弭不和，發展出不一樣的關係——這是兩人本來就都明顯希望，卻不曉得該如何辦到的改變。

9

該把子女排除在遺囑外嗎？

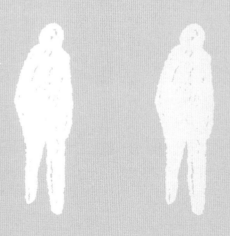

薛爾登和寶妮想要知道該怎麼做，才是將子女排除在遺囑外的最佳辦法，於是出席了我去年辦的網路研討會。他們知道這是重大決定，覺得需要徵詢更多私人建議。薛爾登八十二歲，寶妮七十二歲，兩人看起來都比實際年齡年輕了十歲。他有一點讓我想起自己的爸爸：瘦巴巴的身材、幽默風趣、對人生難題抱持樂觀態度——親子疏遠是最近才有的念頭。寶妮個子嬌小、身材苗條，戴著一頂當時可能要價不菲的假髮，被我和她先生開的小玩笑逗得很開心。她知道，這是男人之間的幽默，用來防止自己暴露缺點和丟了面子。但是，她的眼神透露出，她有更迫切的煩心事。

金錢可能比任何物質有更多的意義。它可以用來展現愛、承諾、價值、保障和安全，也能用來控制、懲罰、操控他人，表現心中的失望。在成年親子關係中，金錢可能會促使子女更想親近或遠離父母、對其他手足生出競爭心態，也可能想要趕快成長茁壯，或永遠依賴父母親。這一章我們要了解金錢如何產生許多問題，導致親子疏遠雪上加霜，使成年親子關係或手足關係變得複雜，讓父母思考是否要將子女排除在遺囑外。

拒絕讓子女繼承遺產

我通常會建議父母在斷絕關係前先和子女談一談，讓我能夠從中了解，成年子女的想法和怎麼看待當中的因果關係。有不少的例子是，父母（通常是媽媽）態度敵對、對子女下最後通牒，但也帶來一本厚厚的相簿，和關係還不錯時充滿溫馨親情的信件。這些曾經充滿愛的訊息是某種證據，可以抵擋旁人施予父母的責怪或批評。

了解親子過往的溝通情形，也能幫助我回答下面的問題：

- 父母的要求是否合理？
- 成年子女的狀態穩定度如何？
- 疏遠關係是否牽涉到成年子女所不曉得的其他人，例如配偶、父母中另一方的前任夫妻或其他家人？

讀這些信件，也讓我有機會了解父母對造成疏遠關係有多大的影響。例如：

- 父母是否以尊重的態度回應成年子女，或對成年子女提出要求？
- 他們接受子女對界限的要求嗎？還是對子女予取予求？
- 他們支持子女的婚姻嗎？還是大肆批評？
- 他們支持子女的宗教信仰、性向、價值觀嗎？還是很有意見？

薛爾登、寶妮和兒子索羅的通信清楚顯示，索羅並非真的與父母疏遠——他只是不如父母希望的、為他們保留那麼多時間，尤其在結婚以後。但聽完他們的故事，我能明白為什麼兒子拉開距離令他們如此痛苦：剛結婚時，太太流產好幾次，夫妻倆決定不生小孩了。後來，寶妮在四十一歲時懷孕，終於成功將足月的兒子生下來。索羅是個頭好壯壯的健康寶寶，更重要的是，是他們一心期盼的好孩子：心地善良、充滿愛心、能夠同理他人。

索羅結婚前，他們覺得自己真是中了樂透。每當有朋友抱怨與成年兒女關係不佳，他們更是慶幸有索羅這樣的兒子。但自從結婚，尤其當了爸爸之後，索羅陪伴父母的時間愈來愈少——他變得很少打電話回家，更少回去探望爸媽。一旦他們抱怨自己總是見不到兒子，情況就會變得更令他們失望。

「我們要怎麼將他排除在遺囑外呢？」寶妮這樣問我。「我們想要把錢留給孫女。不是要懲罰索羅，只是覺得，他這樣對待我們，我們不想把遺產留給他。」

我克制衝動，努力不把自己的想法說出口：「你們知道，我在執業生涯，遇到有多少真的被子女疏遠的父母，願意不計一切，換來你們和兒子這樣的聯絡頻率嗎？」我忍住了。索羅是他們的獨子，而且生索羅的時候他們已年紀不小。對他們來說時間很寶貴，能見孫女的時光有限，因此比別人更急於解決親子衝突。他們也跟大多數人一樣，不以他人的境遇為衡量自身處境的比較基準，而是與從前相比，以過去如何與兒子相處當作比較的門檻。

「我能理解你們為什麼會難過。他變了。以前花很多時間陪你們，但現在能給你們的時間少了許多。」

「你覺得是因為他老婆的關係嗎？」薛爾登問。「我覺得是這樣。」寶妮說：「噢！面對面相處，她總是對我們很親切有禮。我不覺得是她的關係，但薛爾登覺得是。」

在我聽來，除了身為丈夫和父親所應該付出的時間，他們的媳婦並沒有給予超乎正常要求的壓力。索羅和父母拉開距離，比較像是陪伴時間減少，這種意料中的正常狀況：他的角色，從充滿愛和願意騰出時間的兒子，轉變為充滿愛和願意騰出時間的先生、父親。

「那遺囑的事情呢？」寶妮態度堅持。

我問他們希望這樣立遺囑的用意是什麼。

「這個嘛，我們不是想懲罰他，只是覺得不該讓他得到這份遺產。」

「你們覺得自己這麼做，是在鼓勵他的行為？」

「沒錯。」寶妮說，以為我贊同她的論點。「你有什麼建議嗎？」

我說：「我不確定怎樣比較好。」多花點時間同理對方，再告訴他們不想聽的話，準沒錯。「一方面，我完全能懂你們的心情。他從好孩子變成你們從沒見過的人。而且就連你們告訴他這樣讓你們很傷心，他都沒有騰出更多時間的意願。」

薛爾登用終於證明自己對了的語氣說：「就是說。」

「可是。」我溫和地說：「索羅的行為並不罕見，我很確定這不算是疏遠。他給你們的時間是比之前少，也許我們可以試試看能不能改變。但我從他的回信和你們告訴我的事情判斷，他真的沒有多餘的時間了。而且雖然你們不覺得，但聽起來他是在乎你們的。聽起來他對讓你們如此傷心，感到非常難過和愧疚。」

「如果他真的很愧疚，怎麼不採取行動？他是成年人了。」薛爾登說。

「我懂你的意思。有時候我們自責，是因為知道這麼做會傷害心愛的人，但那是當時所能做的最佳選擇。」

我小心翼翼地往下說。因為父母通常都很討厭我接下來要給的建議。

「而且我不太贊成將子女排除在遺囑外，或跳過他們、留給下一代。除非有非這麼做不可的理由。就你們的情況，我不確定是否如此。你們說目的不在懲罰，但實在沒有不帶懲罰性的做法。對他來說，這感覺就像一種懲罰。」

寶妮問：「不能不帶懲罰性質地，把這點寫進遺囑嗎？」

我說：「我不曉得怎樣辦得到。不管你們怎麼寫，都會傳達出強烈的不滿和排斥。我想，立遺囑關乎你們想要留下什麼，對吧？你們應該從父母親的離世了解到，即使不在世上了，我們仍然是某人的父母，因為我們會活在子女的心中。他已經對無法給你們更多而自責了，立這樣的遺囑只會讓他更難過。那應該不是你們的目的吧？」

「對，我們不希望讓他更難過。我們只是不想鼓勵糟糕的行為。」薛爾登語帶體諒，但有些生氣。我分不出他生氣的對象是我，還是他兒子。

「我想，這應該算不上糟糕的行為。你可以說你很難過、失望、傷心，說你希望情況顛倒過來，但索羅的做法很正常，稱不上糟糕的行為。更重要的是，你愈是抱怨他不把時間留給你們，他想花時間和你們相處的意願就愈低。」

薛爾登望向寶妮。多年執業經驗告訴我，他心裡在想：「就說了心理治療是浪費時間吧。」但他們同意再來參加幾次療程。他們同意不再對兒子道德綁架，將兒子的空閒時間優先留給他，但他們沒有接受我提出將兒子留在遺囑受益人內的建議。

該跳過子女，把遺產留給下一代嗎？

有些被疏遠的父母認為，子女忽略他們、讓他們傷心，實在沒道理把遺產留給子女，所以選擇餽贈給孫子女。這麼做的好處和壞處有：

好處

- 你把遺產留給子女的子女，等於間接把遺產給了子女。
- 你承認孫子女是疏遠關係中的受害者，而非造成疏遠的主要人物。
- 你送給孫子女一份對你具有意義和價值的禮物。這份禮物對他們想必也具有意義和價值。

壞處

- 不論你用詞有多小心，都會對子女傳達出懲罰的意思。
- 這麼做會讓孫子女對父母心生愧疚，使他們和父母關係變複雜。這一份愧疚感會減損或抹煞你饋贈禮物的心意，讓他們變成替父母看管財產的人，不僅無法開心接受，甚至變成負擔。

當子女有虐待行為

凱薩琳覺得自己被利用了。她的兒子再次停止服用醫師為他開的躁鬱症處方藥。他又開始在電話上對她大聲叫囂。他又開始對她說，她是非常糟糕的媽媽，說她毀了他的人生、家裡沒人不討厭她、她是自我中心的八婆。他希望她死一死算了。她掛上電話，覺得生氣、傷心、受到屈辱。她的兒子艾倫三十七歲了，單身、失業，靠伸手向媽媽拿錢過活。

如果說疏遠的意思是斷聯，那麼凱薩琳跟寶妮和薛爾登一樣，並沒有真的被子女疏遠。她被困在和兒子的糟糕互動裡，無法做出明智的財務決定。「我覺得是自己創造出這個怪物。」她告訴我：「我知道不該這樣形容兒子，但他跟怪物相去不遠了。我一直覺得，他變成這樣一定是我做錯了什麼。我和他爸爸在他小時候就分開了。他爸是個正直的好人，但我兒子基本上完全不想跟我們任何一個扯上關係，只有他需要錢的時候，我才有他的消息。我對他太愧疚了，所以一直拿錢給他。」

我深入了解凱薩琳的過去，以及她兒子有怎樣的成長歷程。讓父母學會分辨哪些決定可能妨礙孩子的成長、哪些不造成影響，是對他們有益的一個環節。雖然凱薩琳的教養方式遠稱不上完美（世界上有稱得上完美的父母嗎？）但我不認為是她導致艾倫失控和粗暴的對待方式。成年子女對父母說：「我討厭你不多花時間陪我、你吹毛求疵、你只關心自己……」這是一回事。大聲辱罵父母、說他們應該去死，可就不一樣了。

成年子女多半要等父母寫了和解信，表示他們知道自己造成的傷害、想要彌補，子女才會和父母一起來到我的診間。我可以理解，曾經被不當對待的子女需要一段時間，才有辦法不帶嚴格檢討的眼光，去談論童年遭父母虐待（假如屬實）對他們造成多大傷害。此時我會事先徵求同意，要子女答應協助父母傾聽、學習和同理，安排一兩次讓子女抒發心情的療程。

但許多成年子女覺得，自己可以永遠像心理學家泰瑞・李爾（Terry Real）所說的「站在受害者的立場出擊」——你傷害了我，所以只要我想，我就能瞧不起你、不尊重你，很合理。有時我聽到子女（經常是單親媽媽的成年兒子）說類似這樣的話：「我也生孩子了，我無法想像用你對待我的方式對待他們。你以前在想什麼，竟然對年幼的孩子那麼糟糕？」我能想像，這個已經長大、傷口卻還沒癒合的子女，是真心想要知道問題的答案：「媽，妳在想什麼？怎麼會控制不了自己的情緒，讓年幼的孩子受創？」

不論是亂倫、忽視，還是肢體虐待，我在這些情形中見識過成年子女尋求答案，父母也希望做出彌補，同時為雙方開啟了深刻的療癒機會。對成年子女來說，這可以幫助他們深刻理解到，自己不必承受那樣的創傷。對父母來說，可藉由這個機會，彌補曾經造成的傷害，允許自己踏上自我同理這段漫長未知的道路。

至於提出問題，卻不在乎答案的成年子女——只為了羞辱父母，把疏遠關係合理化——是希望自己某方面來說更純潔無瑕；父母施加有害的教養行為是因為某種隨機發生的可怕力量，與他們本身關聯不大。儘管羞辱父母的當下讓他們感覺大權在握，這個問題仍將他們與受害者的角色緊緊相繫。

艾倫二十七歲躁症發作，才開始對媽媽說話口不擇言。艾倫一百八十度大轉變，讓媽媽措手不及。後來他去看身心科醫生，狀態在服用鋰鹽後穩定下來，與凱薩琳恢復聯絡。日子短暫恢復正常，他變得冷靜又懂得尊重別人。但他討厭吃藥，所以沒多久就停藥。停藥的日子，他會對媽媽發表言詞激烈的長篇大論，直到狀況來到谷底，才又不得不回去吃藥。而且，就像躁鬱症患者經常落入的處境，艾倫接連大肆消費，引來其他要花大錢解決的問題。

雖然每個心理治療師都叫凱薩琳不要再救他了，凱薩琳仍然每次都替他擦屁股。「我就是覺得，他會落入這步田地，都是我的錯。顯然我沒教會他怎麼打理生活，否則他就不會老是惹麻煩。」（我很少聽到爸爸這樣責怪自己。爸爸也許會這樣想，但很少說出口。）

我說：「我認為，我得幫妳跳脫無止境的愧疚感。」指出這顯而易見的狀況。

「是那樣嗎？」她看起來很驚訝。「他說是我害他的。」

「他要不真的那樣相信，要不就是用那些話控制妳照他的想法做。」

「可是，如果我真的害了他呢？」她一邊落淚，一邊苦笑。

「他被診斷出有躁鬱症，已經在接受治療了。他患有心理疾病，不是妳讓他得躁鬱症的。」我溫柔地說。

「他說是我害的。」

「聽起來，他在躁症發作時，有很多歪理。問題在於妳聽信他的話，對妳或他都不好。對妳不好，是因為妳因此認為自己是糟糕的母親，但妳不是；對他不好，是因為妳對他的要求讓步，變成是在助長他對妳的虐待。就算妳以前是個糟糕的母親，再繼續這樣下去，對任何人都不好。」

原來凱薩琳生長在爸爸會虐待人的家庭裡，但我一點也不意外。小時候，她曾經對自己發誓，假如有一天為人父母，絕對不會讓小孩像她小時候那樣恐懼、孤單。她做得很成功。她一心一意告誡自己不要虐待孩子，當兒子指控她是他絕對不想變成的那種人，她害怕極了，心中充滿愧疚，不知該如何是好。艾倫注意到媽媽的弱點，有意無意地利用這點對她敲詐。

子女總是能敏銳地發現到我們有這些弱點。他們觀察我們怎麼回應另一半，觀察我們如何回應他們的手足和我們的朋友。

「我建議，除非他答應躁症發作時繼續服藥，用尊重的方式跟妳說話，否則不要拿錢給他。如果他不能做到這兩個條件，他寫侮辱性的電子郵件或打電話口不擇言，妳都不該有所回應。」

她答應試試看。這表示她不會照做，但我仍然協助她寫出這封給兒子的信：

親愛的艾倫：

我很愛你。很遺憾，你此時此刻身陷困境。關於你提出的資助要求，我並不反對，但前提是你要繼續服藥。我知道你認為自己躁症沒有發作，但你每次發作都會否認。我找過相關專家，知道這種狀況並不罕見。這是第一項條件。第二項條件是，我再也不願意接受你一直以來那樣、用不尊重的方式對我說話或寫信。你可以冷靜地說你生我的氣，你可以不尊重我、不喜歡我、不愛我，認為我以前不是個好媽媽，都可以，但你不能說我是八婆，不能叫我自己去死。那是不當的虐待行為，我再也不要聽你說那樣的話。我不會回應寫有那類字眼的電子郵件，如果你在講電話時那樣說，我會掛斷電話。等你繼續服藥。我很樂意跟你一起接受家庭治療，處理你對我的不滿。我非常愛你。

媽媽

讓事情更複雜的是，這十年來，他有好幾次完全不跟媽媽講話。凱薩琳竭盡全力避免舊事重演。他有能力切斷和媽媽的關係，這點導致凱薩琳無法順利設下適當的界限。

「如果他拒絕我的條件呢？」

「他可能不會答應。」我面帶微笑地說，表示對此心知肚明。

「那我該怎麼辦？」

「妳必須自己決定怎樣比較糟糕：是繼續用這種方式聯絡，讓妳感覺自己很差勁，同時導致他不處理自己的問題比較糟糕？還是堅持下去，塑造妳想要的聯絡方式比較糟糕？我不認為有第三種選項。有些父母認為折磨人的聯絡方式好過斷聯，但不是每個人都這樣想。我的建議是，守住我提出的底線。假如他選擇斷聯，我也不必生活在這樣的痛苦裡。但他不是我的孩子，所以選擇權在妳。」

當我告訴父母親「他不是我的孩子」，這句話的目的不是卸責——我提出我認為最有益的選項，並堅持立場。我只是必須對父母坦承：**當對象是你的孩子，做對的事通常會非常、非常地困難**。當下有這麼多心理治療師和親朋好友指引各式各樣不同的做法，若你無法接受我給的建議，也請不要自責。

那時凱薩琳就做不到。至少有很長一段日子，她都辦不到。接下來六個月她過得水深火熱，多半都會順從艾倫，拿錢給他。她害怕失去艾倫，而且艾倫說她毀了他的人生，她無法抵禦這樣的指控，所以即使知道不對，還是會拿錢給他。等她過一個星期來找我，難為情地說明狀況，總有一套聽來合理的說詞。「那個，他過得不好，我覺得這樣有可能幫助他朝對的方向前進。」「他說這是最後一次開口要錢，我相信他。」「他這次是真的有理由需要用錢。」

我每一次都問她，讓步是不是因為他的行為朝我們討論的方向進步了。每一次她都回答不是。艾倫和以前一樣粗暴地對待她。一陣子後，她終於了解到，害怕跟爸爸一樣變成粗暴對待孩子的父母，導致她真的開始相信自己會傷害子女。她在治療過程理解到，這樣的恐懼毫無根據：她和爸爸，兩人教養子女的方式完全不同。她也學會包容自己對於界限、對於艾倫可能疏遠的擔憂。最後她終於能設下更多底線，因為她慢慢接受，自己對艾倫的愧疚感並不合理。他又繼續折磨了她一年，但我最後聽到的是，他願意繼續服藥，過得比以前好。

面對像艾倫這樣的孩子，愧疚感會讓事情變得更糟糕。就金錢來說，有可能會導致以下情況：

- 你給出的金錢，超過了對孩子有益的範圍。
- 你認為自己對他的人生發展負有責任，所以要一直不斷彌補他。
- 不管他如何將人生發展歸咎於你，你都覺得必須要彌補他。
- 你無法抛開無助感，覺得自己無比重要，而且怎麼做都不對。
- 你在付出未受重視或未獲得應得感謝時，累積更多怨氣，感覺被人視為理所當然。

將孩子排除在遺囑外

對某些父母來說——尤其是被子女辱罵、被警察找上門過、被女婿或媳婦破口大罵、年復一年始終無法見到子女或孫子女而心碎不已的父母們——唯一感覺仍擁有權力的回應方式，就只剩下將子女排除在遺囑外。「我辛辛苦苦工作賺下這些錢，那傢伙讓我活得痛苦不堪，憑什麼拿這麼多？這是哪門子的公平？」

我能理解，一個好人為什麼不想讓疏遠的子女留在遺囑裡。如果女兒一直不跟我和解，我也不確定自己能辦到。我很想相信自己，不會因此將她排除在遺囑之外，但我可能太傷心而無法做到。

不過我相信，身為父母，我們應該要思考自己做的決定，在我們過世後，能如何發揮好的效果。我在診間聽到許多成年子女說，後悔沒有在父母在世時與他們和解。你的成年子女也許像他們一樣，無法現在就與你和好，但或許會在你過世後轉念。將離世前的最後一則訊息用來傳遞愛——不帶怒氣，而是後悔親子關係不夠緊密——也許是你的最後機會，讓子女知道他們對你的看法有所侷限，並不完全正確。而且你對孫子女的遺贈，將能具有更正面的意義。

我擔心將子女排除在遺產外，只會證明子女對父母的糟糕感受是真的。意思並不是成年子女有理由用嚴厲的視角看待父母，而是身為父母，我們的所感所知不見得能勾勒出子女真正的樣貌。

父母會盡力養大孩子，成年子女同樣也會盡力與父母保持關係。在以下狀況責怪子女並不公平：

- 他們深受心理疾病所苦，或狀態非常不穩定，不曉得怎麼親近你，或和你保持關係。
- 他們深信前配偶對你的詆毀，所以才與你對立。
- 他們被配偶控制或受其主導。
- 他們覺得跟你糾纏太深，除了消極以對或拉開距離，不曉得怎麼讓自己感覺與你分開。
- 小時候你的選擇、決定或行動讓他們受傷，而他們無法釋懷。即使你認為自己應該得到更多諒解，即使你花很大心力去彌補，或認為他們的想法錯誤，都不能否認這點。

- 心理治療師成功說服他們相信你有虐待行為（雖然你知道自己沒有）。
- 你們的價值觀南轅北轍，除了不聯絡，子女不曉得怎麼開心過日子。

另外我認為，父母應該先做過以下努力，才去考慮將子女排除在遺囑外：

- 花幾年的時間聯絡子女，嘗試和解。
- 明確告訴子女，為了建立更良好的親子關係，你期望他們怎麼做。
- 同理子女對父母的不滿。
- 接受成年子女對劃界限、騰時間等等的要求。
- 做出彌補。

如果你已經做出上面那些努力，仍然覺得很受傷、氣憤，或背叛感太強烈，導致你無法將子女留在遺產受贈人內，那麼我會建議你寫一封像下面這樣的信：

親愛的＿＿：

我試著聯絡你好多年了，顯然你不想和我保持關係。我希望你知道，我很抱歉曾經傷害你、辜負你，讓你失望了。我直到死去，都會因此痛苦懊悔。我想，你有很多理由不和我保持聯繫。

你知道，我年紀大了，正在規劃如何分配財產。我得承認，我覺得自己被你拒於千里之外，實在很難把遺產留給你。我知道你有和我斷聯的理由，但我感覺你無意或無法努力改善我們之間的關係，所以不是很想把錢留給你。我們不一定要感情非常好，但我希望能和你建立某種形式的關係。如果你願意參加家庭治療，讓立場中立的人幫助我們，我想我就能完全改觀。我想知道你的想法。

愛你的媽媽、爸爸（或其他人）

子女可能會寫信反咬，指控你逼他們和你建立關係。你可以這樣回信：「我懂你為什麼有那種感覺。事實上，我在想辦法挽救我們的關係。我知道，也許我有很大的盲點，讓我看不清為什麼我們無法建立感情。所以我的目標不是說服你我是多棒的人，或多棒的父母，而是希望在我永遠離開前，能夠有個討論和幫助我們改善關係的場合。也讓你有機會了解，我們之間的分歧，是否能有比現在更好的解決辦法。」

如果你不願意寫我在上一段示範的信，那我建議你在遺囑裡這樣寫：

不留遺產給你是我此生至深的遺憾。我花了大半輩子試著向你伸手，彌補我在你小時候或成年後造成的傷痛，但我感覺到你不願意回應我的善意。為人父母總有許多的包容，但無論如何，我認為自己都不該過著與子女或孫子女斷聯的生活。我並不是希望讓你難過，也不是想報復你。如果你願意讓我們建立良好的關係，我很樂意將財產留給你；只是現在，這麼做在我看來並不是一件對的事。

愛你的媽媽、爸爸（或其他人）

我要坦承，我並不是很喜歡這樣的內容。不論你怎麼寫，看起來都很像在懲罰子女。我不認為懲罰是離別時該傳達的念頭，但假如你實在不願意將遺產留給子女，這或許是最好的書寫方式了。

其他沒有疏遠我的子女對我很好，時常幫助我。疏遠我的子女為什麼能拿得跟他們一樣多？

我給出這樣的建議，前提是父母和成年子女都不如我們所想的，凡事都由自己決定。有許多力量會滙聚在一起，默默影響著我們，包括基因、同儕、好運、壞運、結婚或離婚的對象、所處人生階段，以及父母、手足、子女帶來的負擔和挑戰。**正如成年子女認定父母能做更好的決定卻選擇不要，是錯誤的想法；父母如果認為，成年子女能有更好的選擇，也同樣錯了**。我們也許對子女的不夠體貼、不夠包容、不夠接納、不夠感激、太嚴厲、太拒人於千里外感到生氣，但認為他們能成為不同的人，不是同一回事。

除此之外，遺產分配不均會在手足之間留下一輩子無法解決的難題。要是本身有問題的疏遠子女，一氣之下鬧上法院，其他手足可能得平白花一筆數萬元的官司費用。而且，疏遠的子女會因此心生敵意或痛苦，導致手足和解的機會微乎其微。

但父母經常問我，給沒參與人生的子女一樣多——尤其是，其他孩子付出許多時——不是很不公平嗎？例如，有些子女會幫忙爸媽約診看醫生、修理屋子，或平常就一直對爸媽很好。他們為什麼不該拿得比疏遠的子女多？我能理解，但我也相信，還有許多方式能在投入較多的子女在世時回報他們，不是遺產餽贈這種一翻兩瞪眼的方式。例如，與遺產無關的餽贈或借貸關係。

我死後，媳婦連一毛錢也休想拿到！

兒子的未婚妻讓班傑明和芭布很煩惱。才坐下來沒多久，芭布就直截了當地說：「我們不喜歡那個粗魯又不懂得尊重別人的女人，但兒子已經搬去跟她住，還說要結婚。我早就說過我不喜歡她，我覺得她很沒禮貌，想來不會是什麼好媽媽。」

我心想：喔，應該沒那回事。

「他一定是把我的話告訴她了。在那之後，我們就沒再見過他，或聽到他的任何消息。我們想明明白白讓他知道，要是他繼續跟她在一起或跟她結婚，我們不會留任何遺產給他。」

我點點頭。當女婿或媳婦不得岳父母或公婆的歡心，這種狀況並不少見。

「我們也不想在老了以後被她箝制。她是那種會想辦法把我們丟在老人院裡自生自滅的人。」接著芭布提出了她想要問的問題：「所以，我們要怎麼讓他知道，自己要娶的是錯誤的對象，會毀掉他的人生？」

「對，那不容易。」我說：「你們認為，他即將鑄下大錯，不但會毀掉自己的人生，還會破壞你們的關係。」

班傑明說：「我們就是擔心這樣。」

「我懂。問題是，告訴他你們不留遺產給他，不會讓他認為未婚妻不好，反而會對你們抱有更負面的看法。我能理解你們的擔憂，如果是我，應該也會擔心。但不管她是不是對的人，都要由他自己去發現。你們愈是反對她，他就愈是覺得自己有義務接納她，好證明自己獨立自主。如果她是有問題的人，一定期待想有個能夠疏遠你們的理由。」

「我們不是想控制他。他是大人了，可以依照自己的想法做事。我們只是不想讓他毀了自己的人生，因為事情一定會朝這個方向發展！」

「你們的想法也許是對的。」

芭布打趣地說：「我們是對的。」

我說：「好。」順著她的話將語氣放緩：「你們是對的。當然！問題是你們是否有辦法讓這列火車慢下來。對方很有可能成為你們孫子女的媽媽。如果她真的有問題，他會在遇到難題時，需要你們和他站在同一陣線。」

心理學家邁可・雷拉（Mike Riera）建議，父母在子女進入青春期後，從主管轉換到顧問的角色。我認為，這項建議同樣適用於成年子女的教養。我們不能保護子女不做糟糕的選擇，一如我們的父母，也無法那樣保護我們。除非子女明確表示希望父母這麼做，否則我們不該擅自提出警告，甚至給予建議。即使我們認為子女需要建議，即使子女很有可能毀了自己的人生，亦是如此。

在這個大前提下，我這樣建議芭布和班傑明：「如果是我，我不會再說如果他要娶那個女人，就把他排除在遺囑外。我會試著去找他，開啟新的溝通管道。就算你們仍然不喜歡她，他也會因為你們縱使抱持異議仍努力嘗試，而對你們抱有敬意。」

班傑明和芭布異口同聲回答：「但我們不想在死後留給她任何一毛錢。」

父母常有這層考量。心理學家能幫助你解決情緒方面的問題，法律問題最好交給律師。舊金山遺產律師彼得・邁爾斯（Peter Myers）表示，遺囑可以將遺產完全指定給你的成年子女。除此之外，可以載明如果子女將來離婚，遺產只會歸給他。

另外，邁爾斯表示，當有子女參與家族事業而分得較多遺產，引起未參與家族事業的子女心生怨氣，也是常見的衝突狀況。他也見過，父母身體變差失能後，其中一名子女或父母的再婚對象利用這點從中得利，因而引發衝突。另一個常見狀況是，有心理問題的手足很可能會濫用或亂花這筆錢。邁爾斯建議：「面對這些狀況，感受很重要，但非關鍵。父母必須謹慎，並尋求法律建議。因為影響力最大的人，將能夠操控事情往他們想要的方向發展，而這可能與父母的本意背道而馳。」

在這些例子裡，父母經常會考慮找第三方信託人（在某些國家持有執照的專業私人受託人，或銀行、信託公司），訂立財產的發給或支領規範。例如，常見的發給項目有學費、醫療費用或健康保險、治療費用、療程費用、大學或其他學校的食宿費用、職業學校課程費用。沒有任何親子關係是一樣的，所以請務必向合格的專業人士（通常是信託人和遺產律師）諮詢意見，量身打造適合你的規範和指示。

我和班傑明、芭布又進行了幾次談話，然後我建議他們諮詢律師的意見，去了解假如兒子和未婚妻結婚了，他們能怎麼做，讓他們放下心來。

為什麼子女只在有需求時才找我？

有成年子女的父母經常向我提出這個問題。這當中，又牽涉到許多其他問題，包括：

- 兒女真的在乎我嗎？
- 他們只是要我的錢嗎？
- 如果給錢，是不是在獎勵那些讓我感覺被操控、受傷、受辱的行為？
- 如果不給錢，他們會不會更不理我？
- 如果真的給錢了，我是不是導致他們更加無能或長不大？

這些也引來如何回應的問題：

- 我該告訴他們我覺得被操控嗎？
- 我該利用他們要錢的時機，去討論我們的關係嗎？
- 我該把錢當作工具，創造更多相處機會嗎？還是應該拒絕兒女的要求，藉此劃立界限？

讓我們回到你的問題吧：你的兒女為什麼只在有所求的時候找你？我們可以從幾個角度去分析。首先，我想提醒你，**成年子女的行為，並非總如表面所見**。你覺得他們只在有所求的時候打電話給你，並不表示這就是實情。如果你和成年子女的收入差距很大，成年子女需要你慷慨出手，並非不切實際或荒謬的想法。他們的要求可能讓你覺得自己被利用或不被感謝，尤其是他們的整體行為沒有表現出謝意或似乎不太有空陪你的時候。但他們的願望和要求，或許是反映出你擁有的比他們多，而身為你的兒女，他們希望你能分享。

除此之外，如果你是在最近這三、四十年為人父母的話，那麼你可能有更多成年子女自認有權予取予求的經歷。社會教我們應該期望從別人那裡獲得更多，子女們已經習慣於認定，自己可以斬釘截鐵、自私自利地對父母獅子大開口。這種情況令父母氣憤難當。但大多數的父母採取的教養方針，尤其是中產和上層階級，都是教導兒女要勇於實踐自己的欲望。

金錢觀也在世代間引起文化衝突。現在的父母們，有許多從小生長在較不富裕的環境，或比較重視節儉。而金錢和資源的交流，摩擦點在於：通常或多或少會討論到你們的目標、意圖，以及適當情境下，討論到你們的感受。

要如何知道何時該拒絕、何時不該拒絕？現代社會風氣要父母無論如何都要不斷給予，父母實在弄不清什麼時候可以像以前那樣說「不」。

以下是判斷的準則：

- 無力負擔時，請拒絕。「無力負擔」不代表你的支票或儲蓄帳戶沒那麼多錢。「無力負擔」是指這麼做使你儲蓄減少，排擠生活當中的其他重要用度，例如旅行或重要嗜好的開支。
- 當子女獅子大開口或心態太理所當然時，請拒絕。這不代表你永遠不答應他們的要求，而是在這個過程教子女一點道理。例如，如果成年子女用無禮的方式告訴你，你要給他錢買車、養小孩等，請不卑不亢、不帶溺愛地說類似這樣的話：「我得說，你的要求方式讓我難以接受。很遺憾，我是想要給你的，但這應該要是請求，不是要求。我無法接受你這樣要求我。我相信你懂我的意思。你要再試一次嗎？」

- 如果你會覺得很生氣，請拒絕。即使你負擔得起也請參考這項建議。如果你已經嘗試設底線或提出探望的條件卻沒用，那麼你應該要拒絕子女。原因很簡單，因為你非常不情願這麼做。

你們可能會出現類似以下的對話：

你：不，我不想給。

成年子女：為什麼？

你：我不確定。但我這一年來給了你不少錢，我覺得這樣已經夠了。

成年子女：可是，你又不是負擔不起。

你：沒錯。

小提醒：如果你確實無力負擔，那也許需要再進一步解釋。你可以說：「其實，我得存一點退休金，很需要看緊荷包。」如果你有財務顧問，可以表示那是他的建議，或引述各種討論存退休金和養老金的文章。這樣子女如果要怨，矛頭也不會完全指向你。

成年子女：那你為什麼不幫我？

你：老實說，我一年大概就是只想給這麼多。

如果提出要求的成年子女曾對你做出不當行為，這也許是教他們做人處事的好機會。所以你也許可以再多說：

你：而且我感受不到你有用心對待我。

成年子女：喔，我對你不好？哪會？

你：你讓我感覺不擇手段、很沒耐心。你知道嗎？有句老話說，人都是吃軟不吃硬的。家人也是。

成年子女：但我不覺得自己有對你那麼糟。

你：這個嘛，我不知道你是不是對我很糟，但你不是很貼心，這讓我不太想大方地與你分享。改天你再跟我說說看，也許我會答應。

依照意願答應或拒絕，不被道德綁架

我們很難拒絕自己的孩子。我們想為他們付出，想被他們喜歡。這些願望會讓我們頭腦不清，讓我們在不想答應的時候說好，或拒絕時遭道德綁架。要發自關愛的心，去答應子女的要求。在道德綁架、抱怨、指控下應允，會削弱你餽贈禮物的心意。

除此之外，在道德綁架之下答應某件事，會讓你將來要拒絕時立場艱難。當你展現自己是慷慨明理的父母，成年子女就沒什麼藉口抱怨你吝嗇或有所保留。這並不表示所有子女都不會抱怨，但你可以更有自信地知道你的愧疚感不合理。唯一的例外，是你先教導子女人情世故才答應或拒絕。你要有節制地這麼做，例如一年最多一兩次，否則會失去意義。

如果你打算拒絕子女，不打算教導他們人情世故，那麼請帶著關愛，以和善的態度拒絕。你們可能會有這樣的對話：

成年子女：我在想，你能不能幫忙付孫女上鋼琴課的學費？
你：親愛的，很抱歉，我不能。
成年子女：為什麼？
你：我今年已經把能給的都給你了，沒有更多幫忙的餘裕。抱歉。
成年子女：怎麼會？你的經濟狀況出問題了嗎？

說到這裡，有經濟困難就回答有，沒有就回答沒有，但請繼續說明你的狀況。你或許可以說：「我對於每一年想要給孩子或孫子女多少錢，心裡大概有個底，現在已經差不多了。我相信你能理解。」

成年子女：我不太懂，但算了。
你：反正呢，我很樂意替你付一些錢。不過，今年這樣已經差不多了。

換句話說，你保有表示「說到底這是我的錢，由我決定多少算夠」的權力。你或許不會那樣說，但明白這點，可以幫助你減少一大部分的愧疚感，以便做出明智的決定。

被子女疏遠的情況下，你已經很難再一味付出金錢而不求回報，更別說把錢拿給造成強烈傷害、不尊重你或拒你於千里之外的人。但當和解是你的目標，你的任務就不是去想公不公平，而是怎樣的策略能達成目的。在這個大前提下，你有可能多給一點、少給一點，並設立更多底線。無論如何，記住你的最終目標，可避免落入圈套，不在當下依受傷或難過的心情去回應。那樣對你比較好，你們和解的機率也比較高。

10

被遺棄的祖父母，被當作武器的孫子女

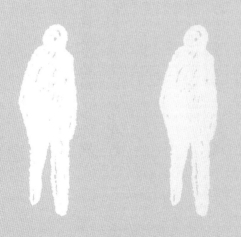

蘇珊想幫媽媽喬安娜設界限。喬安娜總是逼蘇珊幫自己和蘇珊的哥哥羅納德和好，尤其是讓她能像以前一樣，跟羅納德生的小孫子們繼續聯絡。她已經三年沒見到他們了。蘇珊不是很願意介入他們的事，擔心這樣會破壞她跟哥哥的感情，而且她已經跟哥哥開過口了。可是她又對媽媽感到很抱歉，知道與兒子和孫子失聯，令媽媽很痛苦。

現今，有許多祖父母與孫子女斷聯。雖然有時起因是祖父母用不恰當的方式對待孫子女，但我的臨床經驗顯示，更多時候是因為父母與成年子女或子女配偶之間的衝突。被疏遠的祖父母感覺雪上加霜：與子女斷開，同時失去孫子女。這一章，我們要來看幾則家庭案例，並為和解之路提出建議。

怎麼做，才能找回孫子女？

初次與喬安娜諮商時，我發現她與焦慮對抗了一輩子。她小時候住在奧克拉荷馬州的克雷布斯市，爸媽都是酒鬼，除了她，還生了五個孩子。她的爸媽經營一座小農場。一九三六年發生黑色風暴事件（Dust Bowl），連住家客廳都堆滿沙塵，導致他們不得不放棄農場事業。喬安娜的爸爸不像兄弟們透過公共事業振興署找到工作，於是便像其他數千人那樣，把家當搬上貨車，前往美國西部討生活。他們來到加州豪特維爾市，以一天不到一美元的工資替人拔蘿蔔。最後來到奧克蘭，爸爸在造船廠找到了一份配管工的工作，一家人便在這裡落腳。

喬安娜有一對珊瑚藍色的碧眼，就像攝影師朵洛西亞．朗格（Dorothea Lange）的照片裡會出現的迷濛雙眼。她很快就意識到，我是唯一有可能幫她再次見到疏遠子女的人。所以當我說，想要再次見到孫子，必須用新方法與兒子應對，她並沒有退縮。我也建議她，不要再找蘇珊幫她說話，因為那根本沒幫助。

「你怎麼說，我就怎麼做。但誰管我兒子怎樣，我只想見我的孫子。」

我說：「子女和孫子女，我想應該沒有不綁在一起的，對吧？」

「對，他們確實綁在一起。」

我露出微笑。「我想，除非妳和他們的爸媽和好，否則妳應該見不到孫子吧。」

「一定要嗎？連媳婦都要和好？」

「尤其是妳的媳婦。」

「我的老天。」她說，並看向窗外。

我問她，什麼時候開始發現自己跟兒子的關係有問題。她立刻接話，彷彿就在等我問。

「事情是從他們的婚禮開始。她家裡很有錢，非常有錢。她是那種認為有錢就比別人優秀的人。她和她那神經兮兮的媽媽，想要辦一場像黛安娜王妃、芭比娃娃、《與卡戴珊同行》（*Keeping Up with the Kardashians*）那種婚禮，要價比我在洛克里奇的房子還貴，而且她媽媽要我平分開銷。我說：『海倫，妳要花好幾十萬美元幫他們辦婚禮，妳就辦，我不會阻止妳，但我沒那麼多錢。』她說：『但那是他們想要的婚禮。』彷彿事情已成定局。我也想要一架噴射飛機，但那不表示我要花光所有積蓄去買一架，就這麼簡單。我答應出婚禮彩排晚宴的錢；這筆錢，比我自己的婚禮、蜜月旅行、第一輛車全部加在一起還貴。他們卻說，沒關係，不用了。

「那時我注意到媳婦——那時她還不是我媳婦——開始對我比較疏遠。一陣子過後，情況開始有所好轉，我以為事情煙消雲散了。我在週間，一星期通常有兩三天會去看孫子。有時候他們週末想約會一下，也會把孫子交給我顧。」她把手機遞給我，螢幕上是兩個男孩開懷大笑的照片。

我說：「真是可愛的孩子。」

「還很貼心！他們都叫我奶奶，總是說：『奶奶，這個。奶奶，那個。』『奶奶，什麼時候才會再見到妳？』」她停頓下來，眼眶濕了，但沒有流下眼淚。「你說，他們怎麼跟孩子們解釋的？三四歲的小男孩怎麼能理解，他們出生後原本每個星期都會見到的祖母，突然從地球上消失了？他們是不是說我死了？說我不愛他們了？我真的完全無法理解。」

對大部分被疏遠的祖父母來說，不知道疏遠關係對孫子女的影響，令他們憂心如焚。他們也很害怕，子女告訴孫子女祖父母不想見到他們，或用其他方式造成誤解。

我問喬安娜，知不知道其他可能導致或助長疏遠的原因。我喜歡她的心直口快和單刀直入，但媳婦對子女或家庭有自己的想法，我能想見那種應對方式可能會與媳婦起衝突。我也知道，不論我們多努力客觀評斷自己的人生，每個人都有各自的盲點。所以我假設她也有盲點。

「喔，我不曉得。」她邊說邊翻白眼：「都是那什麼界限。**界限！**」她刻意強調這個詞，彷彿那是某種她所無法理解的語言。「我兒子說：『我們不想要妳讓他們看電視，還有吃那一大堆垃圾食物。』我告訴他：『老天，我是他們的祖母，祖母就是這樣！我就是該寵他們。再說了，你小時候也吃這些垃圾，你也沒變得多差。』他說：『我們可沒打算用那種方式養小孩。』

「總之，後來我愈說愈離譜，還怪到他老婆頭上，因為都是她起的頭。我能怎麼做，說謊騙人？」

我心想，類似。**有許多人際關係——尤其是親人之間——因為誤以為必須說出所有想法和感受，而走不下去**。比起什麼都說，我們更應該小心衡量、有所保留。尤其是成年親子關係這個往往不堪一擊的領域。尤其是和媳婦或女婿相處的時候。

她繼續說：「我告訴他：『羅納德，那不像你會說的話。我覺得你要拴住你老婆，她在改變你。』」她抬起頭看我，露出一個心照不宣的微笑。「我可能也不該那樣說。」

我對她笑了笑。「也許。」

「話說，那就不是我了。這就是現代人的問題，什麼都要用熱縮膜包好，綁個漂亮的小蝴蝶結。他跟那女人在一起時好焦慮，做什麼都要看她的臉色。他說：『媽，這是蘿琳和我的共同想法。不要怪到蘿琳那！妳就不要再對我說她的壞話了。她是很稱職的母親。』我就像被人甩了一巴掌，好像她很稱職，而我是糟糕的母親。」

她提高音量說：「要是這對父母不想見我也就罷了，不見就不見！但他們告訴我，因為我給他們吃含糖穀片，不是什麼農場自種、納帕谷認證、正面印有彩虹太陽的有機回收紙盒盛裝的穀麥，所以我不能再見到自己的孫子，搞什麼鬼？」

我常從被疏遠的祖父母那裡聽見這種抱怨。

「還有，他們決定把我列為黑名單前，他老婆是怎麼對我說話的？她當著我的面罵我八婆！要是我敢那樣跟我婆婆說話，早就被搧耳光了。我先生的媽媽只有四十二公斤，但她生起氣來，你腳還沒踏進廚房就感覺到了，只想躲得遠遠的，等一切重回風平浪靜。但我只要稍微對媳婦訂下的新規矩有一絲反對，她就會大力反擊：『喔，別對小孩說那個字。我們不喜歡說不行，我們想要給他們選擇。

那樣有助培養他們的自尊心，讓他們覺得更能掌控自己的人生。』是啊，我始終不懂，一個小小孩應該對人生有多強烈的掌控感。」她用唱腔模仿媳婦說話：「『你可以這樣，或那樣。你可以吃穀片，或雞蛋。你可以穿牛仔褲，或燈心絨褲。你可以在後院玩，或上樓到自己的房間玩。』我很擔心孫子們，真的。要是我有那樣的爸媽，我一有機會就會離開家裡，我真的會。」

我在診間，也經常從其他家庭那裡，聽到這樣的前因後果。

兩個家庭透過婚姻或長久的承諾而結合，就像結合了兩種文化，即使兩家人有相同的族裔和社會階級背景也是。這也許就是父母安排的婚姻比較不容易離婚或不快樂的原因；婚姻的維繫並非只有愛情，還牽涉到許多親族之間的人際關係。而現代人的婚姻不具備這種條件。要是父母敢對子女的配偶或家人表示不喜歡或不贊同，可能要為自己的多嘴永遠付出代價，尤其是當話經由成年子女傳到了他們的配偶耳裡——神祕的是，這件事經常發生。

媽媽說了算

喬安娜面臨到許多女兒、母親、婆婆和祖母都會陷入的困境。研究顯示，男女在家庭觀念上的差異，可能會在結婚生子後，導致較容易形成某些人際關係，或某些人際關係出問題。普遍來說，妻子比先生更清楚怎樣才是健康恰當的家庭關係。由於妻子有明確的概念，所以先生通常會聽太太的意見。在多數家庭裡，並不像一九五〇年代情境喜劇《妙爸爸》（*Father Knows Best*）所演的凡事問爸爸，而是有個最清楚一切的「妙媽媽」。

除此之外，比起融入先生的家庭，妻子更常把先生拉到自己的家庭中。比起妻子和她們的媽媽，男性一般表示和媽媽沒那麼親密，因此更經常會去順從太太的喜好，包括公婆／岳父母的來訪頻率和單次時間長度、孩子要不要交給公婆／岳父母帶、是否一起出遊，以及其他尋常的家庭決定。

以媳婦的家庭優先，導致某些父母或祖父母發現自己想要聯絡兒子和孫子女時，卻只排在次要位置，因而產生問題。更糟的是，淪落到低階地位所引發的一連串情緒起伏，讓父母有時候會用最無效的方式，去向兒子、媳婦和媳婦的家人表達難過和氣憤。小衝突可能引爆更大的家庭戰爭，波及祖父母、姑叔姨舅、手足等其他家中親戚。

就像領土爭奪大戰，家庭戰爭不見得會根據血緣分邊站。衝突有可能形成新的利益關係，讓原本看不見或受限的利益關係浮上檯面、位居要角。媳婦有可能與其他人結盟，消除或限縮強勢婆婆帶來的影響；祖父有可能與孫子齊力反對自己的兒子，對長期感覺被排擠或反對表示不滿；若手足競爭關係和怨氣尚未化解，成年手足有可能與姪子、姪女、外甥、外甥女結盟，去對抗他的兄弟或姊妹；前夫有可能支持女兒疏遠媽媽。情境儘管不同，當事人卻都唱著相同的樂句：「現在你知道我的處境了吧。」

我知道，如果喬安娜希望再次見到孫子，她需要有所改變，但我不清楚她是否打算這麼做。如此一來，她就必須接受媳婦才是新的老大，而她並未尊重她的界限。此外，喬安娜也要放棄原本採取的對抗策略。如上古中國哲人孫子所說：「知可以戰與不可以戰者勝……途有所不由，軍有所不擊，城有所不攻。」她必須了解，攻擊媳婦或兒子，只會讓她繼續被擋在孫子的生活圈外。

此時情況往往不只是婆媳之間的戰爭。喬安娜的兒子利用太太的強硬立場，來表達對媽媽的不滿——少了太太這個後盾，他可能力量不夠，甚至不會有此念頭。對抗媽媽除了能討太太歡心，還能讓自己有機會減少與媽媽的心理糾纏。喬安娜在母子互動中採取的做法，之所以不太有利，這也是其中一項因素。對媳婦來說，喬安娜的態度表現出，認為自己擁有她的先生，而且不願意接受媳婦在家中的權威。對兒子來說，不論是否屬實，都意味著媽媽無法忍受他實際上或感覺脫離她。

婆媳衝突並非新鮮事，但現代媽媽所體驗到的巨大壓力讓情況雪上加霜，可能導致年輕媽媽對其他人（尤其是婆婆）介入育兒感覺更加焦慮。牛津大學社會學家奧莉爾．蘇利文（Oriel Sullivan）指出，現代職業母親花在子女身上的時間，比據說幸福快樂的一九六〇年代的全職母親更多。她們犧牲睡眠、休閒和與配偶相處的時間，來創造多餘的育兒時間。

我知道喬安娜可能是藉由大力指責媳婦、將斷聯歸咎於她，來減輕被自己兒子疏遠的痛苦。但我也知道，她的認知或許是對的——兒子是為了在婚姻關係中好過一些，而選擇聽從太太的話。許多案例中兒子若非順從太太，可能不會去疏遠父母。

我協助喬安娜寫了一封給兒子和媳婦的和解信。我告訴她，目的是讓他們知道，妳願意接受他們想透過疏遠傳達的訴求；向他們表示，妳知道自己打破了他們劃定的界限，願意努力改進。媳婦或女婿通常是孫子女的守門人，唯有取得他們同意，事情才有轉機。倘若父母親不朝這個方向努力，抱有成見的女婿或媳婦便不會把門打開。他們可能會說：「看吧，他們對我連聲抱歉都沒有。他們還是老樣子，只想照自己的意願去做，不顧我的感受。」即使子女的配偶沒有和解的意願，或一心只想斷絕關係，這一封和解信都讓成年子女能夠說出：「我覺得爸媽在努力了。這封信讀起來很真誠，給他們一個機會吧。」

我幫助的另一個家庭，疏遠的來龍去脈與喬安娜的情況大不相同。那是一個來自中國西部大直轄市重慶的移民家庭，媽媽余燕是北京大學畢業的遺傳學家，爸爸張偉是清華大學畢業的微生物學家，兩人只有一個獨生女王秀英。在這裡，大家都叫她珍妮佛。

余燕和張偉就像多數亞洲第一代移民父母，為了珍妮佛的教育和前途投入大量資源。她很有彈鋼琴的天分，雖然大家都鼓勵她申請茱莉亞音樂學院，但她選擇追隨父母的腳步攻讀科學。珍妮佛進入哈佛攻讀學士學位，後來在約翰霍普金斯大學拿到醫學士學位。父母表示，珍妮佛生孩子前，是個孝順又不讓父母操心的孩子。

珍妮佛生老大後爆發產後憂鬱症，約翰霍普金斯的一位指導老師介紹她去看身心科醫生。療程中，醫生鼓勵她談一談，父母是否為導致她憂鬱症發作的潛在因子。兒子兩歲時，她告訴父母「需要將親子關係拉開距離」，她也不曉得什麼時候會再跟他們聯絡。在那之前，她的父母幾乎每天都會跟孫子聯絡。珍妮佛就這樣突然告訴他們，除非親子關係修正，否則他們再也見不到孫子。

在珍妮佛的父母成長的年代和文化裡，子女疏遠父母是很罕見的事，不能見到孫子女更是聞所未聞。幫女兒治療的是該領域少見的華人身心科醫師，似乎是從她鼓勵珍妮佛閱讀武志紅的《巨嬰國》開始，珍妮佛才與父母疏遠。這本在中國千禧世代間引起轟動的書籍指出，中國的緊密家庭文化妨礙了年輕世代的心理成長。書中探討的議題呼應了珍妮佛被父母嚴加管教的經驗。

珍妮佛的身心科醫生鼓勵她探索心底對父母的怒氣，暗示她的憂鬱症可能與父母的嚴格管教和望女成鳳的心態有關。接受治療一年後，珍妮佛終於挺身面對父母親。她說他們箝制得太緊、參與過頭，她希望他們為她的焦慮和憂鬱負更多責任。父母受到驚嚇，目瞪口呆，心頭一把怒火。這樣的反應導致衝突快速升高，最後與女兒完全斷聯。

「我們不懂女兒怎麼會這樣。」余燕說，並為她發音不標準道歉，但她的口音其實很難察覺。「在我們的國家，父母為了子女的成就大力付出，期望子女也能這樣付出，照顧父母的幸福安康。我們一直都很清楚，在這裡出生成長的她會抱持美國的價值觀。但我們也認為，她擁有一對華人父母，理應保留一些我們的文化所重視的價值。我們不懂，自己真的做出這麼可怕的行為，讓她有必要這樣對待我們嗎？是啊，我們對她嚴加管教。因為父母光是說：『喔，妳想做什麼都可以。妳想學彈鋼琴，但妳也想去外面玩？沒關係，去外面玩吧。喔，妳想當醫生、上好大學，但妳不想念書？喔，沒問題，妳不必認真念書。由妳自己決定。』子女不可能自己知道怎麼成為音樂家或科學家。不可能。」

余燕的信念與蔡美兒（Amy Chua）在《虎媽的戰歌》（*Battle Hymn of the*

Tiger Mother）所講述的內容一致。蔡美兒寫道：「中國父母的理解是，要對一件事熟能生巧，才能享受個中樂趣；要精通一件事，你就必須認真努力。小孩子當然不會自己努力學習，所以才要冷酷地否定他們的喜好。小孩會抗拒，所以父母通常必須不屈不撓。萬事起頭難，西方父母往往在這裡就放棄了。」

珍妮佛的經歷某些方面反映出其他第二、三代亞裔美國人描述的經歷。律師朴萊恩（Ryan Park）在文章〈告別虎爸虎媽〉（*The Last of the Tiger Parents*）寫出，父母的做法如何成就了他，但那同時也是他不會去複製的教養風格。「我很確定一件事：我會為兩個女兒規劃出和我完全不一樣的童年。她們會感覺自己受到重視、獲得支持。她們認識的家，會是一個充滿歡樂的地方。她們永遠不會懷疑父親的愛是否建立在完美無瑕的成績單上。」

現代成年子女希望用更符合自身價值觀的方式去教養子女，避免採取他們認為所承受過的錯誤教養方式，這種想法很合理。問題在於，如何與父母輩談論教養方式的世代差異。

作家郭怡慧（Michelle Kuo）提出一套方法，同時認可父母親的付出，並化解這類教養方式讓成年後的子女感覺父母過度介入、造成傷害。她在著作《陪你讀下去：監獄裡的閱讀課，開啟了探求公義的文學之旅》（*Reading with Patrick: A Teacher, a Student, and a Life-Changing Friendship*）裡寫道：「虎媽變成了嚴加管教子女的父母（通常是亞洲父母）的代名詞。我認為這個名詞完全失了真。它將一個人的脆弱誤解成她的權力。我媽媽在兒女的學習上專制權威，那是因為她不懂其他做法。不是她選擇這樣的教育方式，是別無選擇。」郭怡慧在《紐約時報》文章〈反抗虎爸虎媽的十四點建議〉（*How to Disobey Your Tiger Parents, in 14 Easy Steps*）中寫出自己的理想和移民父母的期盼落差如何形成拉鋸，並提出建議。她的建議著眼於關懷，不語帶輕蔑，也沒有在文中刻意分析誰的心理狀態。「理論上，父母是最了解你的人。實際上，他們經常不知道自己對你的傷害有多大，反而覺得是你傷害了他們。這是痛苦的僵局，因為當兩邊都覺得遭到背叛，這場戰爭，即使獲勝也得不償失。」

當然不是只有亞裔美國家庭會經歷原生文化與美式西方個人主義文化的拉鋸。有時候世代差異也會像文化那樣，大到形成理解上的鴻溝。當父母給予子女比自己成長過程更無微不至、事必躬親、耗資高昂的教養，而子女卻有所怨言，此時父母會大感震驚，覺得自己被背叛了。這類父母經常會說：「你還想要什麼？我給了你一切。現在你卻想搶走我的孫子？」

歷史學家寶拉．法斯（Paula Fass）在《美國童年時代的終結：從放牛吃草到管東管西的教養歷史》（*The End of American Childhood: A History of Parenting from Life on the Frontier to the Managed Child*）寫道：「過去有數百年，西方世界由年長者支配，社會認為年長者擁有知識、智慧與權力。他們的安樂與需求無比重要，而且長輩的話不容質疑。」儘管祖父母們曾在家庭體系占居權威地位，但現在，必須要能讓成年子女或他們的配偶開心，祖父母的地位才會穩固。此外，世代之間對敬老尊賢的看法逐漸轉變，出現斷層，也經常引發人與人之間的溝通不良和誤解他人的意圖。

這是一種不幸。因為研究顯示，**祖父母和孫子女建立良好關係不僅對祖父母的康樂有益，也有助於孫子女的成長發展**。祖父母能滿足對孫子女來說很重要的依賴感，讓孫子女更有安全感和被愛的感覺；祖父母可以修正父母有問題、甚至造成創傷的行為。舉例來說，如果父母吹毛求疵、難相處或難以給予孩子正向回饋，祖父母可以帶領孩子認識不一樣的自己。若祖父母沒有與孫子女疏遠，他們可以留意家中有問題或失衡的家人互動，並在可行情況下代表孫子女介入。

祖父母也有可能在家中成為提供身分認同、歷史與故事的豐富源頭。他們更會付出心力維繫家族世系，他們會保留移民故事、家傳食譜、衣物或文化。祖父母也是孩子可以學習的另一個行為榜樣。他們可能有與孫子女相同的藝術或知識喜好，而孫子女的父母則否。簡而言之，祖父母可以為孩子的安全、安穩和身分認同奠下基石，少了這些可能會深刻傷害孩子，或使他們感到迷惘。

喬安娜、余燕、張偉跟我幫助過的好多被疏遠的祖父母一樣：失去親人、困惑不解、不再緊密地融入家庭。他們正在探索的世界裡，事物的秩序遵循更崇高的法則，而他們未在其中占有一席之地。他們和許多人一樣，想要知道，怎麼做才能要回孫子女？怎麼做才能不那麼心痛？

被遺棄的祖父母

我們可以從衝突發生時，祖父母的角色不受重視這個情況，看出美國文化對年老者的輕視。當父母親未能達到維繫成年親子關係的必要條件，他們的祖父母身分也會變成一種必須被丟棄的親子關係。在我協助過的許多家庭中，祖父母因為與自己的子女或子女的配偶起衝突，而被斷絕關係。即使成年子女知道孩子深愛祖父母，也不例外。

我不解，為什麼一個重新定義兒童撫養虐待的世代，會在將祖父母趕出孫子女生活圈外這件事上如此掉以輕心。這個世代堅持依循親子依附理論來教養子女，竟然有這麼多人不重視祖孫間深刻的情感依賴。

雖然多數人認為限縮祖父母的權利有其益處，但我們必須思考，好處有多少？放大自己的感受，為此犧牲掉孩子的人際關係，真的是好榜樣嗎？無法區分自己和孩子的需求，真的是優勢嗎？認定孩子的心靈安康與自己的心靈安康密不可分，無法想像孩子從與你父母的互動中受惠（包括你認為父母讓你心煩苦惱、難相處），真的向孩子示範了正向的斷捨離嗎？孩子會如何從中認識老年人的價值，以及老年人可能如何為人生或社會貢獻？

我幫助余燕和張偉單純從女兒的角度思考，不說出任何會引起愧疚或責任感的話，去處理女兒對他們的抱怨。他們非常努力才終於能這樣思考：在討論過程，完全排除**責任**、**義務**、**尊重**這一類的字詞。但他們做到了。所幸女兒回應了他們的努力。他們終於能和女兒、孫子和好。

喬安娜就沒那麼幸運了。雖然兒子有意願和好，但媳婦心裡仍有懷疑，之後四年仍拒絕讓她和孫子聯絡。我鼓勵喬安娜要有耐心，不要對兒子說出批評媳婦的話，並繼續以一貫友善的方式接觸媳婦。最後，她終於慢慢回到孫子的生活圈。她對恢復聯絡感到感激，但也總是為失去幾年相處時光而傷心。

為改變而採取的策略

我經常收到祖父母來信，說雖然可以偶爾見見孫子，但兒女緊盯著他們的一舉一動，讓他們不得不小心翼翼。而且，子女對他們和孫子女的互動設下規範，讓他們覺得自己很像犯人。

比起從前的普遍做法，年幼孩子的父母親的確對飲食、看電視、溝通方式有更嚴格的標準。除此之外，有些成年子女不信任父母，不願讓他們與孩子相處，原因是擔心父母會讓孩子像自己小時候那樣，經歷糟糕的感受。不管是真的鑄下大錯，還是犯了正常範圍內的錯誤，父母都很難為。

和孫子女相處時像個犯人

這是最令祖父母困惑的處境。許多人告訴我，成年子女不讓他們和孫子女相處，是因為他們會讓小孩覺得自己很糟，或可能受到不當對待和忽略。如果你的成年子女仍然和你聯絡，但採取這樣的立場，那麼你的最佳應對策略是：

(1) 多提問：你擔心我會怎麼做？為什麼擔心？我上次這麼做是什麼時候？我這樣做，當時讓你有什麼感受？孫子女有這樣抱怨過嗎？那你對我有什麼評價？

要注意，提問的目的不在和成年子女爭辯，去證明他們錯了，而是嘗試多得到一些資訊，幫助你深入了解發生什麼事。

(2) 詢問探望孫子女時，怎麼做比較好：你希望我怎麼跟他們相處？整體來說，子女能規範你對孫子女的教養方式。你也許不喜歡，但不幸的是，這方面你沒有多少話語權。

祖父母常提的疑惑還有：我怎麼知道疏遠的子女怎麼對孫子女說我的事？以及：我要怎麼保護自己，不受那些謊言影響？

一般來說，子女或他們的配偶怎麼對孩子說你的事情，你並沒有多少話語權。雖然有些成年子女和他們的配偶會假造祖父母的事，或把錯推給他們，但大部分子女心態是健康的，能夠保留日後讓孩子與祖父母恢復關係的可能性，在敘述上會比較中立。

此時我給予父母親的建議，和遭遇親子離間時的處理模式相同，直截了當：持續嘗試聯絡孫子女。但我定了兩個例外情況：

(1) 你收到禁制令而不能接觸孫子女，或被子女威脅繼續聯絡就要找警察。
(2) 你送給孫子女的東西被原封不動地送回來。這種情況代表，你和成年子女或其配偶的關係太惡劣，你應該要先按兵不動一段時間。一般來說，如果出現那種狀況，我建議至少緩個一年。

如果不是上述狀況，請繼續嘗試聯絡。尤其當孫子女對你有其他記憶的時候，他們也許能對你抱持和父母不一樣的看法。有些孫子女大一點後可能會切斷與父母的關係，找你尋求指引，需要你來說出，對於他們，你有哪一些和父母不同的看法。你待在他們的生命裡愈久——即使只有送禮物或寄卡片——就愈有機會停駐在他們的心中。

如果孫子女說出和疏遠的成年子女或配偶一樣的話

你要視孫子女的年齡來決定如何回應。一般而言，比起自己的感受，你更應該要針對他們的感受去回應。例如，我曾幫助過一名母親，她六歲的外孫女說：「媽咪說她小時候，妳對她很壞。」這名母親並不贊同女兒對她的看法。

我引導這名外婆用以下方式回應：

外婆：真的嗎？媽媽那樣告訴妳，妳有什麼想法？
孫女：我不喜歡這樣。
外婆：怎麼說呢？
孫女：我不喜歡妳對我的媽咪很壞。

外婆：如果有人對我的媽咪很壞，我也不喜歡！
孫女：那妳為什麼要對媽咪很壞？
外婆：寶貝，我所記得的跟妳媽媽的記憶不一樣。但妳也知道，我們常常會對很久以前的事，有不一樣的記憶。

我的主要建議是：

- 不要為自己辯護。
- 不要對孫子女批評父母，讓他們陷入你和他們父母之間的忠誠矛盾。
- 展現出你接受批評，仍保有風度。這麼做讓你更值得信賴，而且讓人願意對你吐露心聲。
- 教導孫子女知道，家庭中不同成員對一件事有令人困惑、矛盾、不一樣的事實解讀，這很正常。相親相愛的一家人有可能對行為和動機抱持非常不一樣的看法。

對象倘若換成年紀大一點的孫子女，狀況可能會很不一樣：

青春期孫女：媽媽說小時候妳常常揍她。

外婆：她那樣說嗎？

青春期孫女：對，妳為什麼要揍她？

外婆：親愛的，妳媽媽小時候的記憶和我記得的不太一樣。她那樣說的時候，妳有什麼感覺？

青春期孫女：我感覺糟透了。

外婆：妳一定很難過。

青春期孫女：妳不會難過嗎？

外婆：如果我認為外婆揍了我媽媽，當然會難過。

青春期孫女：喔，妳是說她騙人嗎？

外婆：我是說，有時候小孩子會和父母對童年往事有不一樣的記憶。我不記得自己曾經打過妳媽媽，如果有，我應該不會忘記那樣的事。顯然我們對過去的記憶不同。我現在比較關心的是，妳聽到外婆曾經揍妳媽媽，妳有什麼感受。一定很糟糕。

最主要的原則，是試著不被「他（她）說……」牽著走，把互動焦點放在孫子女的感受，而非自己的清白。

如果指控是真的

此時，你可以這樣和孫子女互動：

青春期孫女：媽媽說小時候妳常常揍她。
外婆：她那樣說的時候，妳有什麼感覺？
青春期孫女：我感覺糟透了。
外婆：妳一定很難過。
青春期孫女：妳不會難過嗎？
外婆：如果我認為外婆揍了我媽媽，當然會難過。
青春期孫女：喔，妳是說她騙人嗎？

外婆：她沒騙人，我的確不只一次用力打妳媽媽的屁股，有幾次我甚至失去控制。我一直在想辦法彌補妳媽媽，我到死都會帶著這份懊悔。

青春期孫女：嗯，她說妳不是真心的。

外婆：那個，我聽了很難過，因為我是真心的。而且我對讓妳聽到這樣的事感覺很抱歉，我相信妳一定很難受。我已經比那時候成熟多了，絕對不會再做那樣的事。我知道，她還是很生氣，我能理解。

此時你不只是在和孫子女溝通，而是透過孫子女溝通。任何情況下，都要假定你的話會傳過去。一般來說，在談論這樣的事情時，放下戒心直接承認你犯過的錯，好過說謊或避而不談。

如果我犯的錯，讓子女質疑我對孫子女的教養方式

當成年子女不信任父母對孫子女的教養方式，會令那些父母感受到雙重的痛苦。對於教養，他們心中始終抱有遺憾，不但被迫一直想起，還因此覺得自己在和孫子女相處時，像個最底層的賤民。連已經想盡辦法彌補子女、永遠不可能去

傷害孫子女的人，都經常有這種遭遇。這些父母特別難過，因為他們認為，祖父母的身分給了他們機會，去療癒身為父母所造成的傷害，重拾自尊心和「好人」的身分。

假如你真的曾對子女犯下嚴重錯誤，致使他們拒絕或限制你和孫子女聯絡，你一定要不斷提醒自己：

- 我已經想辦法彌補兒女了，應該要能得到原諒。
- 我的確在兒女小時候犯了錯。但事情有前因後果，在那之後，我已經盡力改過。

要記住，這麼做並不是為了開脫，而是想辦法疼惜善待自己。

如果我完全聯絡不到孫子女，該怎麼做？

《默默教養孫子女》（*Invisible Grandparenting*）的作者派特．韓森（Pat Hanson）建議，祖父母在遺囑中，持續撰寫留給孫子女的日記，裡面要寫下所有在世時希望能說的話。但要小心，不要利用這本日記去責怪成年子女。如果成年子女也不讓你送東西給孫子女，你可以找個箱子把禮物裝進去，並把箱子列為遺囑的一部分。你也可以開設儲蓄帳戶，在遺囑載明這是留給孫子女使用的基金。即使孫子女從沒見過你，他們仍然能感受到其中的意義，而且能有機會對你有不一樣的認識。這可能是他們從父母——也就是疏遠你的子女——那所無法得到的觀點。

有些孫子女長大離家後，對和祖父母聯絡抱持比較開放的心態；即使與祖父母親近，也不會覺得自己背叛了父母。這也是為什麼即使無法聯絡孫子女，也應該要努力嘗試，持續送禮物給他們。

來自其他祖父母的競爭

許多父母抱怨自己被棄若敝屣，媳婦女婿的爸爸媽媽卻被捧得像高貴的皇室。光是子女疏遠或態度冷淡就足夠難熬了，還要承受媳婦女婿的父母，在你只能分得零碎時間時，有更多機會和你的成年子女與孫子女相處。這自然產生的羨慕和嫉妒心理，更讓人痛苦。

能怎麼做？

- 避免抱怨。不論對錯，抱怨親家和孫子女相處的時間較多，只會讓成年子女更有戒心，更可能關上大門，抽離得更遠。
- 說你要什麼，不要說你不要什麼。
- 如果你還能跟子女溝通，試著盡可能直接提出訴求，同時小心避免引起他們的愧疚感。

不要批評或怪罪成年子女的配偶。就算你能證明媳婦或女婿是起因，也別這麼做。

我該不該提告，讓法院判定我可以見孫子女？

基於未婚或離婚父母人口增加、繼親家庭的存在、家族親戚關係疏遠、孫子女輩人口減少、祖父母壽命增加等因素，美國五十個州（哥倫比亞特區除外）都制訂了給予祖父母探視權的法令。這些法令的催生，主要是祖父母們和佛羅里達州那不勒斯市的被疏遠祖父母匿名組織（Alienated Grandparents Anonymous）等支持團體努力的結果。他們確保法律保障祖父母和孫子女之間的「特別」關係。

然而，這些法令並不保證你能見到孫子女，只是給予祖父母申請探視令的權利。最高法院給父母許多隱私和保障，祖父母則很少。特別是二〇〇〇年杜克索訴甘維爾案（Troxel v. Granville）的判決，對祖父母的權利形成嚴重的打擊。法院最終做出了支持父母權益的判決。更糟糕的是，聯邦法院給予各州自行決定的權力。祖父母是否面臨一場難打的法律戰爭，主要取決於他們居住的州別。有些州的判決明顯對父母有利——即使祖父母能證明自己對孫子女的愛和雙方的情感依賴，也證明探視權符合孩子的最佳利益，仍無法占上風。

在大多數的案例裡，除非孩子的家庭不完整，否則不會給予祖父母探視權。某些州甚至只在孩子的父母一方過世後，才考慮給祖父母探視權。許多州則是要等父母明確拒絕祖父母登門探視，才考慮給予探視權。而在法律偏向祖父母的少數案例裡，祖父母面臨到如電影《蘇菲的抉擇》（*Sophie's Choice*）的兩難：該擔冒加深疏遠的風險對成年子女提告，還是忍住，希望有一天能見到孫子女？

我訪問了在被疏遠祖父母匿名組織擔任理事的家事律師詹姆士·卡爾（James Karl），他告訴我：「你得先用盡一切非法律上的手段。這是一個未知領域，意思是結果的不確定性很高。請查明你所處州別的法令，了解當地對祖父母權利的政治氛圍。如果你打算採取法律行動，那你最好做足砸大錢和不妥協的準備，這將會是一場漫長和血腥的戰爭。」

我經常聽被疏遠的祖父母說，失去孫子女比失去子女還痛苦。他們對孫子女的愛更為原始純粹，與他們斷聯更令人迷惘和不知所措。想要與孫子女恢復聯絡的需求，更加迫切和要緊。如果你無法聯絡到孫子女，希望這一章能為你指引一條通往他們的路。

11

應對策略、介入手段和新常態

人與人之間，很少有百分之百正確或錯誤的道歉方式。一般來說，你多半要有足夠的誠意，向對方解釋做出傷害行為的原因，並開口道歉。但你應該已經曉得，彌補成年子女的過程有許多意想不到的困難。包括你也許會用熱臉貼冷屁股、被評斷為欠缺真心，或被說不夠負責任。

也有許多父母總是心想，自己沒做任何需要道歉或彌補的事。有些則糾結於兒女的指控是否正確，而未試著了解兒女表露出的深層情緒。因此，我要針對這點給父母們一些指引，釐清他們面臨的狀況。

為什麼和解信有助於雙方和好？

(1) 光是一封信，就能表示你很在乎。「我當然在乎。他們知道我在乎！我不是幾百年前就表現出來了嗎？」假設你已經表現出來了，但化解疏遠需要父母採取不一樣的行動。這也許是你從未嘗試的策略。

(2) 修補關係需要勇氣。你聽過「內心強大才能開口道歉」嗎？當我們能勇敢為從前傷害他們的選擇或行為負起責任，就更有機會贏得子女的尊敬。

(3) 有助於釐清哪些是我們該承擔、哪些是不屬於我們的責任。諷刺的是，我們愈是長期提高分貝強調自己是稱職的父母，子女就必須更大聲回應，去證明我們錯了。所以父母經常訝異地發現，子女的記憶竟然如此偏離事實。子女或許是覺得必須說得誇張一點，好博取我們的注意：「你總是不在。」「你總是這麼自我中心！」良性的回應是坦白承認你的缺席造成問題，或將焦點放在你自己身上而對子女造成了問題。

(4) 允許不同的事實解讀。當我們展現出自己了解，家庭成員本來就會對事情有不一樣的解讀，可以讓子女看見，父母可能未滿足子女的需求或願望，但仍勇敢坦白承認，而非拿出一副完美父母的姿態。

(5) 幫助你諒解和善待自己。感覺自己已經盡力修正錯誤造成的影響，是原諒自己的其中一個步驟。若你始終背負不當對待兒女的過錯，你可能會認為自己餘生都該為此受苦。知道自己已經盡力向兒女伸出手，並嘗試修正錯誤，是一種強大的療癒方式，不僅能修補親子關係，也能修補我們和自己的關係。真實世界裡的養兒育女是布滿錯誤的地雷區，沒有人能不犯一大堆錯誤，安然步出。

(6) 讓你成為一個好榜樣。勇敢面對自身缺點才是好父母。這表示我們不需要是完美的人，我們可以接受自己的不足。

(7) 幫助子女感覺自己是更獨立自主的大人。和解信強力宣示你希望與孩子平起平坐，允許他們說出希望將來能有的待遇和從前的遭遇。

以下五種信念最常阻礙父母修補親子關係：

(1) 我沒做錯任何事：許多父母卡在兩種信念之間，一種是自己沒錯，一種是錯也不至於該被疏遠。為了讓自己好過一點，請相信後者。

(2) 去想自己犯的錯，讓我覺得自己很糟糕：被疏遠的父母大多會有強烈的懊惱、愧疚感，甚至自我厭惡。去想自己犯的錯，不論是實情或想像，都有可能引發那些情緒。因此，寫和解信會讓你感覺是在折磨自己。然而，如我先前所說，長期來看和解信可幫助你善待自己。

(3) 擔心和解信會反過來被用於對付自己：許多父母擔心，承認自己的錯誤，以後子女會利用這些過去的事來讓他們難堪。雖然這份擔憂不難理解，但我很少遇到這種情況。多數時候，父母願意承擔責任，就能贏得子女的尊敬。

(4) 擔心這樣會助長或導致子女的幼稚心態：子女疏遠父母，等於劃下不容跨越的界限。這表示，他們需要你採取不同以往的應對方式。嘗試修補關係有可能讓他們更快長大。

(5) 擔心這樣會讓他們更確信前配偶對我的詆毀，與我對立加深：和解信其實能強力展現出你的堅強和關愛，或許反而是前配偶錯看你的最佳證明。

寫和解信時，最常見的五種錯誤

(1) 沒有講到重點：我見過父母寫和解信時最常犯的錯，就是不直截了當承認錯誤。他們不說：「對，我有時控制欲很強。我能理解你為什麼因此吃了苦頭。」「我知道離婚令你很痛苦。要是我們維持婚姻關係，你就不會承受那麼多折磨。我得為自己這一部分負起責任來。」或「是的，我應該要保護你不被繼父傷害。你有權對我的不稱職感到失望。」反而總是用另一種訴說方式，讓子女以為父母是要為自己辯解：「抱歉讓你覺得我控制欲很強。」「抱歉讓你覺得我應該多保護你一些。」這麼說哪裡錯了?錯在你沒有負起責任。

我希望你勇敢面對那些並非誤解的話。不要想著保護自己,而是採取「放馬過來」的態度:「嘿,沒錯,我是個有缺點的蠢蛋。我懂你為什麼會難過。」

(2) 築起防衛的牆:父母很難做到聆聽子女抱怨,而不設法捍衛自己。其實人都很難做到,不帶一點防衛心地聽別人抱怨。沒有人喜歡知道,自己令人失望,尤其是心愛的人,尤其是我們的兒女。所以證明對方錯了,是人類的天性。但在親子疏遠的特殊情況中,這麼做往往會引起反效果。

(3) 辯解:不管多麼符合人的天性,辯解都會讓對話失焦。你當然可以試圖透過解釋與子女重修舊好,但這在疏遠的親子關係中,成功機率不大。「我是單親媽媽。我們手頭很緊,我得兼兩份差。那時候我們並不清楚孩子需要什麼。」孩子要的並不是解釋。他們希望我們表示,自己了解他們的感受。別執著於對錯,你該做的是同理,試著了解子女。

(4) 怪罪子女:許多父母面臨指責的反應,是責怪回去:「明明是你問題一堆，不聽話又叛逆。你有注意力缺失症。」重點不在他們多不聽話，或你有理由不被怪罪，而是他們希望感覺到你的理解。

(5) 責怪他人：是你爸爸的錯、你媽媽的錯、你爺爺奶奶的錯。請同理和反省子女的話。即使你說得沒錯，責怪他人只會讓你顯得無法或不願承擔任何責任。

有時候，寫信是最能修補關係的方法。我個人認為電子郵件比較有效，因為電子郵件比較不那麼正式，更能幫助我們。寫信或寫電子郵件能給我們時間和空間，去整理思緒、仔細思考自己想說的話，不會因為當下想要回應子女的反應或防衛態度，而偏離正軌。

【和解信的負面案例】

親愛的莫妮卡：

很抱歉讓妳認為我不是個稱職的媽媽。我真的很努力當個好媽媽。就我的成長背景來說，我一直認為自己已經做得不錯了。身為經濟拮据的單親媽媽，要在沒有妳爸爸的支援下把妳養大，很不容易。我想我應該要更努力才對。我不是要說我多有耐心，而是想表達我努力過。我很愛妳，希望我的努力沒有白費。

這樣寫哪裡錯了呢？讓我們拆開信中的話，逐句分析：

第一句：「很抱歉讓妳認為我不是個稱職的媽媽。」

問題：說「讓妳認為我不是個稱職的媽媽」聽起來是在捍衛自己。我們或多或少，都曾讓子女失望。最好改說：「我很抱歉，有些做法不是很稱職。」或「我為帶給妳痛苦道歉。」

第二句：「我真的很努力當個好媽媽。」

問題：這句話沒錯，但同樣地，寫這封信是為了讓子女相信，你的目的不是捍衛自己，而是從他們的角度看世界。要記得，**你有一套要告訴自己的話，但要告訴子女的是另一套**。你告訴自己，你很努力當個好父母，但要告訴子女，你對沒做好的地方感到很抱歉。

第三句：「我一直認為自己已經做得不錯了。」

問題：這句話和寫信的目的不符。和解信的目標並不是自我表達，而是傳達你願意且希望從子女的觀點看事情。不論對錯，他們目前執著於相信你不是很稱職的父母，所以捍衛自己反而會造成反效果。

第四句：「身為經濟拮据的單親媽媽，要在沒有妳爸爸的支援下把妳養大，很不容易。」

問題：這句話最嚴重的問題是批評子女的爸爸。雖然你說的是事實，但這麼做會讓子女想要捍衛另一方，偏離你所想要達成的正面效果。

第五句：「希望我的努力沒有白費。」

問題：這麼說聽起來像在批評子女辜負了你。強迫他們接受你的觀念，這會激起他們捍衛自己的心。

【和解信的正面案例】

親愛的莫妮卡：

很抱歉，我身為父母，讓妳失望了。我知道自己在許多方面很嚴厲，因此傷害了妳。我能理解，這件事為什麼讓妳不太想花時間和我相處。的確，妳小時候我的心思被很多其他事情占據，以至於沒考慮到怎樣對妳比較好，沒有儘量陪在妳身邊。我很高興，妳讓我知道妳的感受。希望將來能有機會彌補妳。

這封信為什麼比較好？讓我們分句分析：

第一句：「很抱歉，我身為父母，讓妳失望了。」

優點：這名母親沒有想要粉飾太平，而是直接回應子女最不滿的地方。女兒說媽媽不夠稱職，讓她感到失望，媽媽則表示，對自己的做法感到抱歉。

第二句：「我知道自己在許多方面很嚴厲。」

優點：承認自己過於嚴厲。這裡也清楚表明，媽媽不是要證明女兒錯了或太敏感，而是直接承認自己個性上的缺點。

第三句：「因此傷害了妳。」

優點：指出自己的錯誤或缺點，如何讓子女難過。

第四句：「我能理解，這件事為什麼讓妳不太想花時間和我相處。」

優點：同理子女想要疏遠的決定。這名母親不僅願意承認自己在教養子女方面的錯誤，而且即使被疏遠對父母來說很難受，她也尊重子女的選擇。

第五句：「我很高興，妳讓我知道妳的感受。」

優點：願意從有益的角度，去理解女兒的批評，不將其視為自私或造成傷害的行為——這是母親無私的愛，縱使沒明講，子女往往都能體會。

彌補的努力，要持續多久？

我通常會建議父母，先參考前面的指引寫一封和解信。如果子女沒有回應，六到八週後再寫一封。這封後續追蹤信，請像這樣寫：「我只是想看看你有沒有可能讀信了。那封信一定漏了一些需要討論的事情，我只是想開啟對話。不論好或壞，你有什麼想法或回應，統統告訴我吧。愛你的媽媽、爸爸（或其他人）。」

節日、生日和婚禮的自處之道

說到痛苦，每逢節日、生日、子女的婚禮、孫子女出生、子女的畢業典禮，這些日子你都怎麼過的呢？你再怎麼想，也想像不到，自己竟然會被排除在這些場合外。如果你也跟絕大多數被疏遠的父母一樣，那麼每一次這些日子來臨，你都會覺得自己簡直憂鬱得要命。這些父母心中常見的問題包括：

- 如果有人問我打算怎麼跟兒女過節日、過生日，我該怎麼回答？
- 要怎麼管理傷心、嫉妒的情緒，或對朋友、兒女的憤怒？
- 這些日子有沒有比較適合或不適合做的事？
- 我能順利度過節日，並恢復理智、再次感覺自己是完整的嗎？

• 我發現兒女要結婚了，我卻沒有被告知。該怎麼面對這件事？

當別人問起你的子女或孫子女

我的簡單回答是：你高興怎麼說，就怎麼說。換句話說，你並不欠任何人任何東西，所以不必覺得有義務說自己不想說的話。如果對方是點頭之交或跟你感情沒那麼好，你可以輕描淡寫地回話，然後轉移話題：「喔，她去過自己的生活了，我不常見到她或孫子們。你也知道，現在的孩子都這樣。」如果你想，可以聊聊你前一次見到子女、孫子女的事情，或你聽到的消息。說一些比較新的近況，然後轉移話題。

換句話說，關於你的處境，你沒有道德上的義務，對任何人多說你不願透露的事。重點在於想聊就聊、不想聊就結束，並把話題導向安全的地方。假如對方堅持拿子女或孫子女的照片給你看，請深呼吸，給予適當的讚美，然後馬上說你尿急或想去吃點東西、喝點東西。

至於親朋好友，你可以用以下幾種方式回應：

- 如果你能說，你仍然認為我是個稱職的父母，那樣對我真的幫助很大（只在相信他們會給你大力支持時這樣要求）。
- 我只是需要談一談，需要感覺到有人懂這對我來說有多可怕。如果你能理解我的感受，就太好了。
- 我們聊天的時侯，我需要知道自己能放心談這些事，至少能講一點點。這些事非常枯燥，但如果不跟你聊聊，我好像就無法對自己開誠布公。
- 我已經說不需要建議，你還一直這麼做，讓我覺得自己不被理解。我知道那不是你的本意，但你讓我覺得都是我的錯，或事情明明這麼簡單，我卻不曉得。

該讓朋友接住自己嗎？

許多被疏遠的父母擔心，老是心情抑鬱、需要朋友大力支持，會讓朋友招架不住。但朋友之間應該要可以，像談論其他令人長期痛苦或難以解決的問題那樣，一起談論疏遠的親子關係。例如：配偶問題纏身或難相處、父母有慢性疾病或健康每況愈下、罹患棘手疾病。如果是好朋友，他們會認為，見面時你至少會想先花點時間聊這件事，之後再聊點別的。

當我們只談自己的痛苦，朋友或其他關心我們的人，的確有可能因此招架不住。那是因為，**沒有人有無限量的同理心**。別人當然會希望我們把注意力放在人生的其他面向，例如：我們感激的事情、人生中順利開展的事，當然，還有他們的人生大小事。所以我才會提到難相處的配偶、年邁的父母、親友死亡、慢性疾病——這些是很多人都有的經歷，或他們身邊不少人有那種經歷。請想一想，關於這些困難境遇，你會要求或提供多少支持，並以此作為遭逢親子疏遠時，向他人尋求幫助的參考基準。

與朋友往來，不管什麼事，總是有些人給的支持多，有些人少。有些人天生不懂如何適當安慰被子女疏遠的親朋好友，也許是因為他們還不曾需要去處理一些令人痛苦不堪、無法解決的問題，所以比較無法說出有關的經驗談。還有些人太在乎正確的回應，所以會避免談起這個話題，一提到就打發掉，或講一些現成賀卡上會寫的陳腔濫調。

假如沒有朋友給你支持，那也許反映了你擔心是對的；朋友覺得負擔沉重，但並不是沒義氣。根據我的經驗，大多數被疏遠的父母寧願選擇不對朋友透露自己的遭遇。我們太擔心，自己正在經歷的、不見好轉的悲慘故事，會讓別人受不了，所以選擇不說。我們會認為，朋友對問題厭煩了，覺得他們不知如何幫助我們是我們的錯，擔心他們的同理心沒那麼多，或對我們還沒解決問題感到挫折。

這會引發親子疏遠最嚴重的問題：社交退縮。社交退縮的問題，在於你需要群體的支持才能堅強地走下去，你需要群體來幫助你再次讓自己感覺良好。我們需要別人拿鏡子幫我們照一照；因為子女照映出來的影像威力強大、難以質疑。我們天生想要相信子女對我們的看法——還有誰比你養大的孩子，更有資格評斷你是不是稱職的父母親？而療癒親子疏遠，有一部分是找回你的威信。意思不是掩蓋真相或忽視過錯，而是不由子女替你身為父母親的價值做最後的仲裁。

我們需要群體的力量，因為單憑我們，不足以與子女抗衡。親子疏遠傳遞出的訊息是，**即使是你最珍視的人，也有可能與你決裂，而你對此似乎無能為力**。大部分有那種經驗的人會感到害怕、束手無策、氣憤難平。你有可能因此相信，這件事證明了你毫無價值，尤其當你有其他嚴重創傷的時候。

你很有可能在與其他人往來時，被迫想起自己被子女疏遠。所以你要有一套因應社交場合的計畫。以下提供幾點建議：

- 允許自己說不。有太多父母（尤其是媽媽）被社會教導將自己放在末端，以至於難以將自己的幸福感放在第一位。他們太過於擔心讓別人傷心，而阻斷了積極思考什麼符合自身最佳利益的能力。
- 對於高風險的日子，例如節日、生日，我建議你當個自私鬼。如果你覺得看見朋友或其他家人跟成年子女和孫子女齊聚一堂，會讓你非常傷心、嫉妒、生氣、難過，就不要參加那些活動。這當然不是萬全之計，我們不可能永遠躲起來。但那些高風險日子會激起許多回憶，到處都是關於家庭重要性的廣告和影音媒體，親朋好友也會張貼照片和發出邀請，非常可能使我們大受打擊。

不得不參與的時候

然而，有時我們不得不參與某些活動，也許是因為不參加更引人好奇，或即使可能會難過，但該活動中有我們想見的人。而且即使我們拒絕出席，還是可能在其他場合遇到避不掉的人。總之，如果決定現身，請幫自己寫好一套應對腳本，內容包括：

- 被問到子女或孫子女的事情時怎麼回應（參見前文）。
- 對方拿子女或孫子女的照片給你看，或開始說他們的事，該怎麼回應？
- 從活動中脫身的計策。事先告訴主辦人或其他賓客，你不太舒服，可能會提早回家。即便你並沒有身體不舒服，不是病毒作祟，而是心情問題。

親子疏遠對婚姻與愛情的影響

心理創傷可能會對你的情感世界造成負面影響。疏遠帶來持續的痛苦和挫折感，會減損你對婚姻、愛情以至於整體人生的滿足感。伴侶之間也有可能責怪對方，認為是對方的立場導致疏遠久久無法化解。你們可能會對接下來的最佳做法意見分歧，包括是否繼續聯絡子女、是否將子女排除在遺囑外，或是否與有問題的媳婦、女婿和好。

研究顯示，所有非伴侶間的外部壓力，幾乎都會破壞婚姻滿意度——有可能是工作上的衝突，或對非配偶本身行為直接相關的生活環節有所不滿——因為情人之間的良好溝通需要投入心力和動腦筋。你要花心力，耐心體貼地考慮另一半的感受，平均分攤家事或其他家務事，並樂於在婚姻中付出心力。

除此之外，配偶經常成為代罪羔羊。情緒需要出口，另一半經常容易成為情緒攻擊的目標。雖然可悲，但人真的會對配偶展現最糟的一面。我有幾次在伴侶治療中聽到：「一定是你的問題，朋友們都沒這樣抱怨過我。」依我看，那是因為，你絕對不會像對待配偶那樣，去對待你的朋友。我們經常比較不把配偶放在心上，認為即使做出朋友難以忍受的行為，配偶還是會原諒我們。

在靈魂伴侶文化的加持下，有些人認為，不論我們的行為多糟糕，另一半都要無止境地付出、騰出時間、關心我們。很不巧，親子疏遠可能讓我們更抑鬱、易怒和自我中心——在他人眼中，這些特質並不怎麼吸引人。所以照顧好自己很重要：另一半不可能無窮無盡地支持你，你要能在感情世界有所回饋。

夫妻有時會把親子疏遠怪到對方頭上

疏遠的子女對父母其中一方比較生氣的情況並不少見。即使沒有發生親子疏遠，子女仍有可能比較認同其中一方，或與一方比較親近。父母與子女的脾氣和個性不同，也導致子女跟其中一方比較合得來。

比較處得來的父母，並不代表比較稱職。有時子女可能會挑比較堅強的父母來埋怨，因為他們知道爸爸或媽媽承受得了。無論如何，不斷責怪或感覺被怪罪，可能會逐漸破壞夫妻之間的共同力量與幸福。此外，當其中一方出現以下狀況，更可能受到另一方的責怪：

- 拒絕修補關係。
- 拒絕與媳婦或女婿和好。
- 面對疏遠子女提出的合理要求，拒絕改變自己的行為。例如：努力管理脾氣、參加康復計畫、學習用不推開或傷害子女的方式溝通。

這個情況，我建議撥出一段規律、有限制的時間，讓雙方談一談眼前的疏遠關係。這樣，有談話需求的人知道他們有時間可以談話，另一方則知道談話時間有限制。舉例來說，每天五到十分鐘，或每週一次、每次二十分鐘。要尊重對方的行事風格。即使不贊同對方的觀點，也要表達你能同理他的立場。

在談論親子疏遠關係時，請這樣做：

- 告訴另一半你的感受，並用一分到十分表示感受的強弱程度。
- 請對方給你想要的回應。例如說：「我只是希望你傾聽，並不帶批評地給予回饋。不要給我建議或埋怨我。」或是說：「我希望你聽聽我的想法，看我希望怎麼一起處理這個問題。請聽我說完，然後告訴我你怎麼想。」
- 說話時從「我」的角度出發。例如：「每次我要討論兒子的事，你都打斷我的話。我很傷心，覺得不被理解。」或「我已經告訴你，我今天不想再講女兒的事了。但你沒有理會我，我很生氣。」而不是說：「每次都講這個，你好煩。別管了。」或：「都是你，我們才會跟小孩起衝突。」

婚姻關係研究專家約翰·高特曼說，婚姻裡也有象徵滅亡的天啟四騎士：辯解、批評、閉口不談、蔑視對方。請不要做出這些行為。研究顯示，三天兩頭出現這些情緒性的行為，沒有婚姻關係能挺得過去。

如果子女只想聯絡其中一方怎麼辦？

只有爸爸或媽媽被疏遠，總好過兩人都被疏遠。許多父母認為，允許子女只聯絡父母一方，是給予他們分開擊破的力量。被排除在外的一方會因此嫉妒、憤怒和感覺受辱，彷彿沒被疏遠的一方贊同了子女的疏遠行為。

但如果兩人都被斷開，就沒有人知道子女的情況，無法從父母的觀點關心他們。此外，倘若沒被疏遠的父母允諾不再和子女聯絡，子女便會對雙方一併感到生氣。他們會認為，沒被疏遠的父母太軟弱，無法挺身對抗被疏遠的父母，也會因此相信，這一方無法將子女的幸福看得比另一半重要。

儘管如此，沒被疏遠的父母必須在某種程度上，同理子女對另一方的抱怨，同時，要小心不附和子女的疏遠。此時可以這樣說：「目前我可以接受你只跟我見面，不見你媽媽。她也支持我來見你，因為她希望我們至少有一個人能見到你和孫子。我確實感覺有點被夾在中間，我知道，她也很想見你。我也知道，如果你準備好了，她願意為了改善關係做任何事。」言盡於此。此外，每幾個月提一次就好，否則會造成成年子女反感。

如果疏遠父母一方的情況延續一年以上，沒被疏遠的父母態度應該稍微強硬一些。你可以說：「已經一年了，我也不想拿這件事煩你，但現在是什麼原因，讓你不同意和媽媽一起進行家庭治療？我懂你的不滿，但她在許多方面仍然是稱職的母親，我想她應該能有個機會去修補和你的關係。」

一般來說，逼迫手法很難讓成年子女與父母和解。有些被疏遠的父母會試圖把受子女敬愛的祖父母、朋友、手足或其他人拉進來，替被疏遠的父母說話。我沒見過用這種方法成功的案例。成年子女通常只會覺得被施壓和不被理解，導致他們更加疏遠。

疏遠的子女回到我身邊了，現在該怎麼做？

採用我在這本書給的建議，也許能幫助你們和好。那是我的願望。但你也許會發現，即使和好了，你的工作還沒有結束。實際上，假如你們曾經彼此疏遠，那麼造成疏遠的原因可能還存在，也可能會再次引爆。這麼說不是要讓你更焦慮，而是想告訴你，焦慮感在警告你風險的存在。這個風險是：

- 比起從未有過這個念頭的人，曾經疏遠的人，很可能會再次疏遠你。
- 即使已經和好，疏遠的起因也很少能完全消除。
- 父母對疏遠的憤怒或傷心，可能會讓他們在回應時，與成年子女發生更多衝突。

我如何不再如履薄冰？

感到焦慮、緊張、小心翼翼很合理，你應該從承認這一點開始，別因為感到焦慮，甚至懼怕子女而心生羞愧。他們讓你承受了重大創傷，你的害怕、傷心、生氣，可以說都是正常且能預料到的感受。

對大部分父母來說，最大的恐懼是再次被疏遠。尤其是當他們認為，造成疏遠的不是什麼大事，或只是偶發事件。但即使起因明顯且嚴重，大部分父母仍會對再一次疏遠心生恐懼。

請全然接受這個現實，告訴自己：「對，他們也許會再次疏遠我。如果真的那樣，我會非常難過，但我無法百分之百控制這件事。」提醒自己，不論有多痛苦，你都挺過了第一次。假如發生第二次，你也會挺過來。

另一種常見的情緒是生氣。對許多父母來說，我在和解初期所提出的建議，最困難的一點在於不能說出自己有多難受。許多父母（尤其是爸爸）對子女帶來的強烈痛苦極感憤怒。

剛和解的父母經常問：「為什麼不能告訴他們我有多難受？」答案是，因為你會把球踢向另一次疏遠的大門。當然，你有大聲責罵兒女的自由，但這麼做只會讓門砰的一聲再次關上，自己可能也不會太好過。

「好，那我滿心的怒氣該怎麼辦？」整體而言，你的目標是在和子女見面前化解憤怒。你可以打電話給朋友，向他們抱怨子女的行為在你眼中有多糟糕；可以寫一封怒氣沖天的信，然後燒掉；可以去運動、冥想，就是不要直接向子女表現怒氣。等到你確定親子關係恢復到穩健的狀態再這麼做——而這通常不是幾個月，是要幾年的功夫。假如你當下被激怒了，請到外頭走一走，上個廁所或離開現場。

要有尷尬一陣子的打算

歷經長期疏遠的父母和子女，不可能一夕之間恢復親密，回到以前沒有嫌隙的狀態。儘管如此，我遇過一些父母，他們的子女表現得彷彿從來沒有這一回事。「你好嗎？真高興見到你。最近都在忙些什麼？」好像父母人生中最痛苦不堪的事件沒什麼大不了，聳聳肩就沒事了。

順勢而為

總的來說，如果子女態度樂觀，想要輕鬆以對，我鼓勵你加入他們的行列。如果他們十分小心，仔細觀察你的言行舉止，那麼你可以用同樣的謹慎態度回應，不在情緒表露或討論內容方面與子女落差過大。但同時，你應該盡可能讓他們知道你過得很好、很快樂、沒被打倒、不懷恨在心、不會懲罰他們。和解初期所採取的這個相處模式，並不適用日後相處，其目的在於幫助雙方展開對話，為你開啟一扇重返子女生活的門。

歡迎展開新常態

我經常和朋友聊到如何與未疏遠的成年子女相處。即使親子疏離從未降臨到他們頭上，大部分人多少也都經歷過，與子女間的衝突與失望。我要幫你做好迎接新常態的準備：子女回到你的生活，不代表你想多久聽到一次他的消息就聽得到，想多久見他一次就見得到，或希望他們熱切回應就能如願以償。事情仍然由他們說了算。很抱歉這麼說，但現實就是，親子關係可能始終由他們作主。也許幸運如你，還有其他更願意陪伴你、更熱切回應你的子女，那麼你應該對此心存感激。但別期望曾經疏遠的子女像那樣對你百依百順——也許會有這麼一天，但絕對不是一時半刻的事。

和解初期該怎麼做？

請子女指點迷津

不論你是否了解疏遠的原因，請子女提供方向，詢問將來如何避免衝突，都對你有所幫助。你可以這樣說：「很高興我們能再次共度相處的時光。我之前顯然做了讓你不開心的事，我在想，我們能不能說好，以後試著及時處理困擾你或我的事，不要積在心裡？」這裡雖然說「你或我的事」，但建議你不要說出自己的煩心事，否則可能得不償失。重點在鼓勵子女說出煩惱，單單如此，就能在他們心中建立更可靠的形象，促進子女多與你溝通。

當子女不願明講

有些成年子女疏遠父母，是因為他們有迴避衝突的傾向。他們不曉得如何應對家庭生活中可預料的尋常橫逆，於是便關上門、從中抽離，任由憤懣在心中堆積，最後認為除了斷開父母，已別無他法。總的來說，這類子女需要父母多用點心，去了解衝突的引發點，和讓子女出現意外反應的情況。

假設你注意到，你陪孫子玩的時候，兒子看起來很不高興。當下也許很難開口，但你可以在第二天對他說：「昨天我在跟雅各玩，你好像對我不太高興。我的理解是對的嗎？」如果子女傾向迴避衝突，他們可能不會說實話或否認。如果你很確定自己觀察到的是對的，你可以讓氣氛緩和下來，說：「真的嗎？我在想，互動過程是不是有讓你困擾的地方，讓你想到其他希望我改進的事。我真心希望，你覺得可以放心開口向我抱怨。在敞開心房這方面，也許我以前沒有當個好榜樣。」

請注意，這裡我寫「其他希望我改進的事」，代表你肯定他們的要求是合理的，而且你是願意改變的。敞開心胸，是成功經營現代成年親子關係的關鍵。

儘管如此，許多成年子女不願意談論發生什麼事，是因為他們可能無法全然理解狀況，擔心從你口中聽到超出他們承受範圍的事，或心生愧疚而不想知道你有多難過。

針對這些因素，我有以下建議：

不要覺得自己有義務向成年子女問出你所不知道的情況，而是像這樣告訴他們：「我好高興能回到你的生活，和有你回到我的生活。我不是很清楚我們為什麼疏遠這麼久。一方面來說，我不知道也沒關係；另一方面，知道原因或許有幫助。起因假如是我現在或過去曾有的行為，我想確定自己不會重蹈覆轍。」

如果你覺得子女口中的疏遠起因不正確或被誇大，請試著以同理心傾聽。你們剛和好的這段期間，不是用來爭執誰在何時對誰做了什麼；也許以後可以這麼做，但至少要等關係更穩固一些。請將前一兩年，想成重新認識對方的時期，目標是讓子女相信，有你在身邊不會帶來威脅、跟你和好是對的。

「那如果他們帶來威脅呢？」我曾聽不只一名與子女和好的父母說，事情沒有他們想像的那麼美好，子女仍然不尊重他們，用輕蔑的方式對待他們。一般來說，因應之道與我先前討論不尊重和不當行為時的建議類似。你可以這樣說：「我真的想聽一聽你想對我說的話，我知道這很重要。我假設，你需要從親子關係抽身，有一部分原因是你認為我有時很難相處。我真的想改進，也很努力，但或許你可以不要對我大吼，冷靜告訴我怎麼回事就好。我猜，你認為要一直講、一直講我才會聽，也許是吧，但我們能不能試試看不一樣的方法？」一般來說，衝突過後再這樣討論，比激烈交鋒的當下來得好。激烈衝突時，你可以試著緩和一下，假如不成功，請試著盡快結束。

如果你強烈意識到子女餘怒未消或態度冷淡，至少再提起這件事情一次，或許會有幫助。你可以說：「我很高興再看到你。但我看得出你還很氣我，對嗎？你完全可以對我生氣，我講出來是希望你聊一聊。」如果他們否認，你可以接著說：「好，我只是想確定你知道，如果你想聊聊我們之間令你困擾的事，對話的門永遠開著。我知道，所有人際關係都需要敞開心胸、努力經營。」

「我要持續道歉多久？」

你要有心理準備，子女可能會針對你或你的行為持續抱怨一段時間。如果他們回到你的生活，但一直重提舊事，請這樣想：他們老是提起以前的事，可能是因為擔心你不會改變、認為你改得不夠多，或擔心你會重拾過去的做法。總的來說，對你最有利的回應方式，是放輕鬆、付出關心，並對子女的抱怨敞開心胸。

希望這本書能帶讀者清楚體悟到，親子疏遠的開展過程與邏輯，與其他大多數的人際關係頗為不同。下一章要更深入拆解這樣的關係，讓你更清楚成年子女的想法。

12

成年親子關係的新法則

觀點一：被疏遠的父母

- 成年子女的童年事件，並非他們自己說了算。
- 在檢測欄位打上幾個勾勾，不代表我們就是自戀狂。
- 成年子女真的虧欠父母很多。
- 疏遠對孫子女關愛有加的祖父母，不僅是虐待兒童，還虐待老人。
- 除非心理治療師實際見過我們，否則他們對你爸媽的診斷，很可能完全不正確。
- 如果配偶要求你疏遠本來很棒的爸媽，你還照做，那這段婚姻簡直爛透了。
- 責怪父母沒有照當年並不存在的教養準則把你養大，這太荒謬了。
- 傷害成年子女的心，不等於虐待他們。

觀點二：選擇疏遠的子女

- 我的童年事件，並非父母說了算。
- 告訴我們「你為子女犧牲奉獻，有權提出任何要求」絕對會適得其反，屢試不爽。

- 與孫子女相處是特別待遇，不是權利。
- 除非心理治療師實際見過我，否則他們提供給你的、關於我的診斷，很可能完全不正確。
- 我希望以不同的方式成長，無法同理是父母的錯。
- 威脅把我排除在遺囑外，不會讓我想跟你和好。
- 就算比起自己父母的養育方式，你已經做得比較好了，也並不表示你沒有傷害我。

以上成年子女的觀點，為你指引與子女和解的路。你不必喜歡或贊同他們的想法，你要做的是理解。因為比起過去任何時期，現今美國家庭裡，由子女來界定家人關係的情形更加明顯。**從前是子女要去爭取父母的愛和尊重，今時今日已換作父母爭取子女的愛和尊重，直至子女長大成人後仍不得停歇。**

追尋幸福與親子疏遠

你的成年子女是為了追求人生幸福，而選擇採取疏遠的策略。在這個工作與個人人際關係日益脆弱的年代，安穩的工作和安心無慮的婚姻關係，這些傳統上被認定是成年生活的成功標誌，已經不再可靠。這一代成年人將焦點放在唯一能掌握的事情上——對自我成長和生活滿足感的追求——非常合理且不意外。

舉例來說，聯準會經濟學家的近期報告指出：「與前幾世代年輕時期相比，千禧世代的薪水較低、資產較少、錢財較少，過得較不富裕。」但這是教育程度最高的一個世代。二〇一八年，美國更年輕一代的成年人在美國人社會生活關鍵指標「社會概況調查」（General Social Survey）中創歷史新低分，僅百分之二十五的人表示生活幸福——只有百分之二十二的年輕男性，和百分之二十八的年輕女性，表示生活「非常快樂」。與此同時，我們看見心理疾病罹患率急速攀升，尤其是高收入女性族群。這是一個飲酒和藥物濫用減少、經濟擴張的年代。總之，年輕世代看重自身幸福感，將其視為優先目標，有他們的道理。

每當我成功讓成年子女和被疏遠的父母一起出現在診療室（我會視情況盡可

能讓他們多聚幾次），我希望父母理解到，**由成年子女的觀點來看，疏遠之舉對心靈上的生存和安康不可或缺**，一**如父母對和解的殷殷期盼**。除非成年子女與父母的互動能徹底轉變，否則傷口不可能治癒。

被疏遠父母最常犯的五種錯誤

現今的父母大部分都還沒意識到，近幾十年來，他們的處境已大不如前，所以經常在子女有意疏遠時，讓情況雪上加霜。有鑑於此，以下列出被疏遠父母最常犯的五種錯誤。

第一種：相信公平的和解原則

這不公平，我懂。就我幫助的家庭而言，情況大多很不公平。真要公平，應該要像和好朋友、配偶或其他對象那樣，你們各自訴說自己的觀點——你和子女各自訴說自己有多受傷、多麼不被理解，一起想辦法理解和解決問題，希望能事過境遷、重拾親密。

當你遇到親子疏遠，情況就不是那麼一回事了。許多成年子女表示想要平等的關係，但實際上，你可能覺得不是那麼平等。父母面對疏遠用錯方法的其中一個原因，是他們這一生從沒遇過這樣的事。因應親子疏遠的原則，你也可能從來沒在其他人際關係中遭遇過。

假如真的是公平的，探訪子女和孫子女的時間頻率，你應該要能提出要求。你可以要求多一些時間；可以要求子女對你在他們小時候或至今犯的錯誤，給予更多同理心和諒解；可以要求子女投入更多。

假如真的是公平的，你在子女身上花的每一分錢，以及離婚後當個付出時間較多的父母，應該會讓你獲得好評。

假如真的是公平的，你成為不亞於甚至贏過自己父母的好爸媽，在子女小時候和剛成年時給予從來沒人給過你的機會和體驗，應該會讓你獲得好評。

假如真的是公平的，你的成年子女會理解，當你說自己很努力，代表你是真的盡力了。而且當一個人擁有好的榜樣、一起負擔教養的人、養兒育女的經濟和情感資源，才有辦法當個稱職的父母。

最後，假如真的是公平的，你應該能談論子女如何讓教養變得困難——也就是，子女有自己的問題、嫁娶我們難以親近的另一半，或被另一半拉離我們身邊。假如真的是公平的，你能談論這些事情。

這些不是化解親子疏遠的選項。**你不能依靠那些公平原則**，因為它會妨礙你。它會影響你的溝通方式，讓你提出過多要求和更憤恨不平。你會用不太有效的方式，告訴子女你感覺多傷心痛苦和被排除在外。

你所能採取的態度，跟子女兩三歲左右時，對待他們的態度差不多。我無意冒犯成年子女，意思是，你不該認為這是平起平坐的關係，得以讓你提出要求並談論失衡關係、不公平對待、被拒於門外和被忽視的氣憤。如同因為這個問題來找我的上千名父母，你當然會有這些感受。

把子女的年紀想得小一些會有所幫助，因為此時的你必須相當無私，不期待子女有多少回報。你也會完全接受這是一條單行道。但從這角度看，把子女當小孩子的做法也許不是真的貼切，因為小朋友至少會對你微笑或爬到你腿上，但成年子女不會。

你還要付出耐心，因為沒有什麼比被成年子女拒絕，更令人憤怒、難堪和絕望。化解需要時間，你要有耐心。

至於正處於親子疏離關係的父母，你們也許已經努力好幾年了，也許還要繼續奮戰幾年。你要當作自己在跑馬拉松，不是短跑衝刺，過程中還要慢慢接受這樣的關係，這點我們留待下一章討論。

第二種：想利用愧疚感，讓子女做你希望他做的事

以前父母有權對孩子要求，說：「你好久沒打電話給我了，怎麼回事？」或對子女答應而未做到的事，展現某種道德上的憤慨。今非昔比，你沒這張牌可出了。我們的社會和文化愈來愈偏向個人主義，代表人際關係的優劣，取決於關係是否讓人產生良好感受、對自己有正面看法，或者是否有助於培養自尊心和個人發展。

我最近在診間遇到的一個個案，說明了訴諸愧疚感並不利於成年親子關係。

女兒（二十四歲）：妳在我這個年紀，會自動自發每天打電話給外婆嗎？還是她要妳打給她，妳才打的？

媽媽：我想應該是她要求的。妳也知道，我跟她感情沒那麼好，但我覺得那

樣做是對的。

女兒：嗯，我不想跟妳變成那樣。

治療師：就目前來說，妳希望和媽媽建立怎樣的關係？

女兒：我想打電話給她的時候，就會打給她。當我不想打電話，我不想因為愧疚感而被逼著打電話。

從兩人的互動可以看出，女兒認為出於義務打電話給媽媽，違背了她認為做人要誠實正直的價值觀。她認為，針對親子疏遠建立某些大原則，是表達自己成年和身為獨立個體的健康方式。此外，她認為自己是從務實和充滿愛的角度，帶媽媽認識如何與她建立更好的關係——如果媽媽夠聰明，就會聽進她的意見。

雖然女兒認為盡孝道是種負擔，令媽媽傷心和忿忿不平，但她也知道，女兒在做的正是她從小教導她的做法：忠於自己，別讓愧疚或常規帶著你走，因為那會阻礙你獲得幸福和成就。即使難受，也好過虛假的自我。

這名母親之所以把這項價值觀教給女兒，是因為身為一名在五、六〇年代長大的女性，她實在很討厭自己總是順從、盡責和容易內疚。她花了大半輩子，努力讓自己對那些壓力免疫，希望確保女兒不會吃同樣的苦。她也觀察到，比較堅定有信心的女性朋友們在職場上，通常表現得比默不作聲的人好。

雖然她很高興自己成功幫女兒打了對抗那些侷限的預防針，但她不滿女兒沒有更積極回應、體貼她的需求，更別提她還給了女兒當年她的父母所不能提供的富裕生活，包括：出國旅行、念私校、請家教、支付大學學費，以及在她那一代平淡無奇的家庭劇或情境喜劇裡，才有的那種盡心投入、關愛子女的教養方式。

這名母親自己也接受了多年的心理治療，成為了比自己母親更稱職的媽媽。她接受心理治療的一部分原因，是害怕犯和父母一樣的錯。將童年經歷套在為人母的經驗上，有時會讓人傳達出「比起我的成長環境，你已經夠幸運了」的感受。當媽媽從小被教導敬畏上位者、用心回應家庭義務，女兒從小被教導將這兩件事視為對幸福感和獨立自主的侷限，這樣的經驗對照和挪用，成為她和女兒間的衝突源頭。

這名母親的經驗說明了，許多比上一代在子女身上投入更多資源的父母，不曉得可以要求多少回報，因而陷入兩難。雖然以前有過成年子女紛紛失業搬回家住，或賴在父母家很久的年代，但從來沒有哪一個年代的父母，像現在這樣精心教養子女，用盡心思引領子女社會化，殷殷期盼子女高度自我實現，能從自己、從父母身上獲得力量。

我們的文化強烈主張，如果人際關係不能讓你正面看待自己，或令你感覺愧疚或糟糕，那麼將對方（即使是父母）隔絕在生活外，不僅合理，更是勇敢的決定。由此可知，愧疚是你的敵人。你愈是讓子女感覺愧疚，就愈有可能讓他們關起心房，將他們推開。

第三種：火上澆油

許多被疏遠的父母對成年子女很生氣，這是可以理解的。他們覺得自己不受重視、不被理解、被利用，還被一腳踢開；彷彿子女帶走了他們最純真寶貴的那一部分，在他們身上淋上汽油，點火，站在旁邊看著他們被火焰燃燒。父母覺得他們因為未做過的事、未說過的話而受到指責。即使做過、說過，他們多年來為子女付出關愛、勞心勞力，也應該要能功過相抵。

前面提到那名母親和二十四歲女兒的例子，說明了在許多家庭裡，不論父母和成年子女目前關係多麼良好，仍然存在不少困惑、不確定和衝突。

這些文化差異，凸顯出希望與成年子女維持長久好感情的父母，立場非常不穩固。不幸的是，最容易造成父母以錯誤方式應對的因素，莫過於子女的疏遠。成年子女會基於許多原因，對父母說出非常傷人、殘酷的話。我並沒有要幫他們開脫。坦白說，有時成年子女和他們的配偶會對父母說出令我非常震驚的話。但你最好把那些話理解成他們在表達經驗或關係中的重要環節，只不過缺乏圓融的表達技巧。

其次，比較不易察覺的部分是，他們在嘗試梳理過去，只能藉由怪罪並察看你的反應，來判別真假。假如你氣急敗壞或過度防備，只會愈描愈黑。你愈能深入了解、關心他們的想法和感受，以這樣的尊重，去應對他們的抱怨或看法，就愈能讓事情明朗化。

你不必忍受糟糕的行為或一股腦兒地認可，但假如你的目標是改善關係，火上澆油不會讓你有任何真正的進展，也無法營造增進關係的機會。同時你也在刺激自己。想辦法緩和下來，用你會覺得更好的方式回應，才是比較妥善的做法。

要怎麼應對不當或不尊重的行為呢？給你幾個點子：

(1) 互動之前，先釐清自己想說的話。你的目標是什麼？哪些是你一定要提到的事？把你想說的事情，最重要的兩三點寫下來。如果你很緊張，練習大聲說出來。

(2) 想好退場計畫。當情況開始變得不對勁，你要用什麼藉口掛斷電話或停止互動？

(3) 如果先前互動情況很糟，可以先講好一些互動的基本原則，再進入話題。可以說：「我們在這個話題上一直討論得不太順利，讓我們一起努力保持冷靜和理智，好嗎？也許你可以說說希望對話能有什麼成果，我也說說我的期望。你覺得如何？」

(4) 展現善意。「我真的很想理解你的話，想和你更親近一些。」或「我相信，你也覺得我們先前的互動並不順利。」

(5) 即使子女的話不中聽，也要先表明，你相信他們抱持善意。「我認為，你是在告訴我你希望我理解的事，那對你來說非常重要。」

(6) 說一說，你認為子女有什麼矛盾心態，導致他們用不尊重的方式對你說話。「你一定是認為，不一直像刺蝟那樣講話，我會無法理解。」

(7) 說出令你兩難的地方。「雖然我想理解你的話，但你對我吼叫辱罵，我很難專心聽你講話。我相信你懂我的意思。」

(8) 請子女改變行為。「能不能請你試著冷靜地告訴我，讓我專心聽你講話？你那樣說話，我其實很難專心聽你到底要對我說什麼。」

(9) 舉例說明好的行為。「如果你想，可以告訴我你很生我的氣，或對我恨之入骨，但你不能對我吼叫，不能辱罵我。」保持冷靜，深呼吸，數到十。

(10) 設底線。「如果你不能用更尊重的語氣對我說話，我就要掛電話了。」

(11) 對底線說到做到。如果子女依然言行失當，請掛斷電話。

(12) 二十四小時內，用冷靜、平和、友善的態度，關心一下子女的後續狀況。「我打電話是想關心你，看看你還好嗎。你想試著再討論一次嗎？」如果子女拒絕或辱罵你，請冷靜地說：「好，我只是想看看能不能更有效地對話。如果你準備好，我隨時都在。」

(13) 重複這些步驟。試看看你們能否更有效地討論事情。如果不行，請依照相同步驟再來一次。

大部分的父母認為，與成年子女吵架後的幾小時或幾天最難熬。因為和成年子女吵架，可能讓父母對自己產生疑問：

- 我當初能有怎樣不同的做法？
- 我當初應該有怎樣不同的做法？
- 我應該受到這種對待嗎？
- 我哪裡做錯了？

和做出不當或不尊重行為的子女吵架後，衍生出自我懷疑、自我折磨的情緒，是可預料的情況。以下幾點建議，可以幫助你找回平衡：

- 提醒自己，你的本意是好的。「我本來是想和孩子有更親密的互動。」
- 原諒自己搞砸了。「我也許不該說他很自私，但我被他激怒了。希望下一次我做得更好。」
- 做一些能安撫自己的事。吵架過後，我們的神經系統仍處於戰鬥或逃跑的狀態。請藉由運動、冥想、瑜伽，或做其他事情，來讓自己分心，改變身體對壓力的反應。這點很重要。

- 寫下事情經過。這能幫助你解除互動產生的壓力。當你有辦法做到的時候，書寫會是一種分析事情的好方法。

第四種：以為和解一蹴可幾

和解通常是一條漫漫長路，短則需要幾個月，長則可能要花上幾年的功夫。除非父母能及早領略和解之道，這時親子和解才會快上許多。若親子疏遠已經拖了好一陣子，通常就要花更多的時間化解，你得要有長期抗戰的心理準備。

父母經常問我：「我要什麼時候才能說出自己的感受，或告訴他們『夠了，適可而止』？」答案是：想說就說。我總是支持父母開口說：「我受夠了。我再也忍受不了了。我深深覺得不被尊重、被拒於門外，這讓我很受傷。我不要再這樣下去了。」除非子女未成年，否則我認為，父母有權那樣說，並在某個階段告訴子女，你已努力夠久，盡力了。

但是，如果你仍然在努力和解，也許要等前嫌盡釋、關係穩固時，再對子女說出你的感受，甚至和好以後還要等個一兩年。坦白說，對於某些子女，也許你永遠都沒有機會表達。

第五種：認為子女的冷淡或負面態度，問題全在自己

子女成年，我們的人生也大致塵埃落定了。我們也許會和配偶離婚、有新的交往對象、換新工作，但會成為怎樣的人已近乎底定。過去我們認為，成年子女做出針對我們個人的行為，其實多半與我們沒有太大關係。但現代父母比從前世代更希望與子女親近，讓問題雪上加霜。有時我們陷入滑坡理論，將子女的一切行為都看成針對，並抱怨他們的行為帶給我們的感受。焦點落在了我們頭上。

成年子女的許多行為與父母無關。他們仍然在探索自己是誰；他們生兒育女、努力經營關係；他們開展事業。他們有自己的情緒挑戰，也許與我們的教養有關，也許沒有。對大部分父母來說，成年子女的善待，是我們最大的快樂；成年子女與我們親近時，我們的心思全在他們身上；子女將我們擋在門外時，則是莫大的折磨。

無論如何，他們總是占據我們的心房，而我們卻沒有一直都在他們心上。這不是因為他們不愛或不關心我們。我在執業生涯，遇到許多疏遠父母的成年子女向我表示：「我很愛我的父母，我也真的很愧疚。我為讓他們受苦感到難過。」他們對父母仍有諸多不滿，需要維持疏遠的親子關係，但這多半不是因為他們**不在乎**。

當你被成年子女疏遠，你很容易誤以為子女就是討厭你，完全忘了從小到大，你為他們做了多少事情。事實上，縱使子女沒有真切地意識到，那些美好過往依然存在。而且，除非我們試著花心思處理他們的不滿，否則往往不會曉得他們真正的想法或感受。

成年親子關係的十點新法則

是的，和解有點像地雷區，你需要不同於以往的全新態度。因此，我要針對成年親子關係提出十點新法則：

- 法則一：成年子女比你更容易一走了之，所以在界定親子關係時，成年子女比你掌握更多權力。基本遊戲規則：比較不在乎的人，手中權力較大。

- 法則二：你要在可營造幸福感和幫助個人成長的環境，與成年子女培養關係，而不是以責任、義務、人情債為前提。
- 法則三：身為父母的你是否稱職，並非你說了算。成年子女對過去會有一套自己的描述和意見。
- 法則四：道德綁架或批評永遠無法讓你在成年子女身上達到目的，更不用說正被子女疏遠的父母。
- 法則五：學習平等、注重心理、帶自我意識的溝通方式，是與成年子女維持良好關係的關鍵。
- 法則六：除非子女過世，否則你從生養子女那一刻起，就成為了父母，是你將子女帶到世界上。因此，如果你的目標是和好，那麼當子女無法做出較有益卻困難的決定，你依然要積極應對。
- 法則七：不論看起來多不公平，但即使你在子女身上投入大量金錢或感情，也不會因此有權要求子女多聯絡或多愛你一些。
- 法則八：批評子女的配偶、戀愛對象或心理治療師，會大大提高被疏遠的風險。

- 法則九：批評子女的性向或性別認同，會大大提高被疏遠的風險。
- 法則十：你的童年過得很糟糕，而後成為比你父母更稱職的爸媽，這並不表示，成年子女就得接受那些他們認為你所帶來的傷害。

學會如何處理親子疏遠造成的痛苦，是許多父母將要面臨的重大挑戰，因為親子疏遠打擊的是我們內心最原始柔軟的地方。當個好父母對我們的身分認同和自尊心非常重要。被自己的兒女直接或間接告知你並不稱職，會令人產生深刻的恐懼、悲傷、擔憂、憤怒、愧疚和懊悔。這些情緒反應會引發一系列問題，使得療傷難上加難。

13

如何療癒親子疏遠的傷？

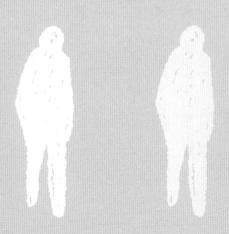

沒有什麼比此時此刻的悲傷中夾雜著快樂回憶更令人痛苦。

——艾斯奇勒斯（Aeschylus）

我成為心理學家時，沒料想到有一天，執業生涯會遇見這麼多悲傷不已的父母，必須解決像這樣的問題：要是我再也見不到兒女怎麼辦？要是孫子女以為我不愛他們了怎麼辦？兒子還記得我們曾經共度的美好時光嗎？女兒決定再也不跟我見面了，她還在乎我嗎？還是真的那麼恨我？

我也不曉得自己會遇到令人心碎的臨終議題：誰來替我下葬？會不會沒有兒女或孫子女來安慰我，留我一人孤獨地在病床上離世？過世後兒女會對我有一絲想念嗎？如果我得了癌症，他們會不會就不再疏遠我了？假如他們仍繼續疏遠，我會怎麼樣？

沒有人訓練我回答這些問題。出版《是誰傷了父母？：傷心父母的療癒書》後，我開始收到大量轉診病人，我相信，頭幾年我給出了一些拙劣不見效的回答。但這十年來與許多被疏遠的父母一起努力，我歸結出一些心得。首先：**我無法做**

些或說些什麼，去化解你的傷痛。當你看見，外婆推著孫女的娃娃車走在街道上，身旁女兒面露微笑；當你聽到，親朋好友告訴你，與三名成年子女和孫子女全家出遊，玩得好開心；當你從與兒子開心和好的美夢中醒來，想起自己即將與他失聯七年了；當你不顧內心發出強烈警告，又一次跑去看兒女的臉書或IG——或任何兒女會放自己的照片、小孩的照片、姻親照片、朋友照片，似乎就是沒有你的照片的其他鬼地方——你會感到一陣心痛。

我還學到：**你會過悲慟不已的人生，還是與傷痛共存、另外尋找快樂和意義，取決於你如何面對傷痛**。

創立辯證行為治療（Dialectical Behavior Therapy）的華盛頓大學心理學家與研究人員瑪莎·林納涵（Marsha Linehan）寫道：「想要逃離地獄，必須經歷痛苦。若不接受痛苦不幸是從地獄爬出的一部分歷程，便會再次身陷地獄。」

什麼？想要逃離地獄，必須經歷痛苦。那是什麼意思？意思是，**你必須從「全然接受」目前的處境開始，不去抗拒當下的感受**。你感覺傷心嗎？請感受傷心，不要批判，不要把你的感覺推開，不要去削弱它，不要嘗試控制它的走向。面對感受，不要轉身走開。

我從慘痛的經驗學到這一課。我被女兒疏遠的時候，父母所能犯的每一項錯誤，每一天都在我身上反覆上演。而且我總是落入同樣的情緒漩渦：傷心、憤怒、恐懼。但某一天，我不再沉浸於要人命的情緒毒泉裡，心想：「嘿，女兒也許就要永遠不跟你說話了，永遠！你上次見到她是什麼時候？那也許是你最後一次見到她了。想想辦法吧。」這不是嚴厲或批評的聲音，比較像心中某個地方，經過檢視，給予我充滿智慧和關愛的忠告。接納晦暗的現實，竟矛盾、奇異地讓我放下了心中的大石。那是全然的接受。接受你此時此刻無法改變，而且也許永遠都無法改變這件事。

還有另外一個例子：心理治療師梅根・德凡（Megan Devine）在三十九歲時，發生親眼見到伴侶在海邊溺水身亡的悲劇。她很清楚傷痛是怎麼一回事。她建議：「你的傷痛需要空間，一個讓它開展的地方。」她和馬克・尼波（Mark Nepo）在《沒關係，是悲傷啊！：直視悲傷的真相，練習守護自己與關愛他人的情緒照護指南》（*It's OK That You're Not OK*）寫道：「你的傷痛也許能繞著宇宙包圍好幾圈。唯有大如繁星，才足以承載那樣的重量。」想要逃離地獄，必須承受因接受此刻的處境，而產生的痛苦不幸。現在，你讀著這些文字，因為你絕望、生氣、愧疚、擔心、羞愧、害怕、傷痕累累，心靈在向你表達強而有力的訊息：這是你該好好關心的事，不需要批評它。

你也許會想：「可是，問題就在這：我就是把心力都放在上面啊！」是的，但關照想法和感受的方式，有些對，有些不對。我發現，**區分傷痛和折磨很有幫助，因為它們是不一樣的**。傷痛是身為一個人，和身為被疏遠的父母，所無法避免或無法逃避的經驗。不幸的是，你不太能去控制它，但你可以逐漸學會控制及意識自己感受傷痛的時間長短。你可以減少傷痛的意義感，少做增加傷痛的事，以及縮短傷痛在其他人生層面留下的足跡——這是最折磨人的部分。

傷痛和折磨的差別，從佛教傳入現代心理治療的領域。創立「從意識到正念」（Mind to Mindful）計畫的身心科醫師馬克・萊文（Mark Levine）舉例：「假設我經過廚房的時候不小心踢到腳趾頭，痛得要命，那叫傷痛。但之後我針對踢到腳趾這件事，對自己說一大串像這樣的話：『你這個蠢蛋，怎麼不好好看路？』『下次你就要跌個狗吃屎或摔斷髖骨了！』或『你就是這麼笨手笨腳的。又一次證明你真是成事不足、敗事有餘！』那樣就是在折磨自己。」折磨會延長傷痛經驗，開啟無止境的認知回饋循環，每一趟，都以傷痛終結。折磨帶來折磨，又帶來折磨。

舉個切題的例子：你去朋友家吃晚餐，他們住在外地的成年子女回來探望爸媽。你從小看著這幾個孩子長大，很高興能見到他們，而且這是你很要好的朋友，所以你也很高興看見他們的孩子發展得很好、很有成就。但你同時感覺傷心欲絕，因為這場景反映出你所失去的一切。那天晚上你只好數度離席，躲進廁所掩面痛哭，不讓別人聽見你的哭聲。

在這個例子裡，傷心和失去的感受是傷痛，折磨則可能是：

- 羞辱自己：我一定是糟糕的人／糟糕的父母，子女才會和我反目成仇。
- 社會性羞辱：其他人一定覺得我很糟糕，才會讓子女和我反目成仇。
- 社會性羞辱衍生社交孤立的心態：我根本不該踏出家門，才不會一直遇到這種狀況。
- 恐懼與災難化思考：要是情況永遠無法改善，我要怎麼活下去？看不見兒女或孫子女，這麼痛苦，我要怎麼活下去？
- 愧疚與反芻式思考：我無法停止思考自己是怎麼引起問題的前後因果，或所有應該採取的修正手段。我也無法停止思考自己有多受傷，感覺被子女錯誤對待。

- 憤怒：我的孩子怎麼能這樣對待我？他們以為自己是誰？
- 嫉妒：為什麼別人能跟兒女和孫子女在一起，我卻不行？
- 過往的殘跡：被自己的兒女拒絕，父母也不愛我，這種傷痛，我要如何承受？是不是證明了，我不值得被愛？

同樣深受佛教啟發的林納涵指出，可以利用某一些影像畫面，幫助我們面對傷痛，並觀察腦海中接著浮現哪一些會引起折磨的念頭。例如，將你的痛苦和隨之產生的念頭想像成一片緩緩掉下的落葉，慢慢離開你的視線。

想像你在衝浪，情緒就是你面前的那道海浪，不要試圖阻擋或壓制它。不要緊抓不放，只是去注意感受升起的地方，盡可能將全部心思放在你的這些感知上。去觀察多久才會平息。

了解你的情緒粒度（emotional granularity）也有幫助。是單純的傷心嗎？還是其實是絕望、悲傷、悲慘、痛苦、排斥感、不安全感、憂傷、挫敗感？是單純的生氣嗎？還是其實是怨恨、火大、氣惱、嫉妒、煩躁、悲憤？為什麼要分得這麼仔細？著有《情緒跟你以為的不一樣——科學證據揭露喜怒哀樂如何生成》（*How Emotions Are Made*）一書的心理學教授麗莎・費德曼・巴瑞特（Lisa Feldman Barrett）發現，提高情緒粒度，有助於降低藥物需求、減少住院時間、增進情緒調節彈性。具體掌握感受，可幫助你聽見一部分的心智想對另一部分傳達什麼訊息。它能指引你判斷如何回應情緒，降低情緒對你的掌控，因為你會更清楚自己產生什麼感受。

悲傷的級別

疏遠親子關係為生活帶來很大的挑戰，部分原因在於社會大眾對此意識不高，被疏遠的父母得不到適當支持。深受離婚、疾病、死亡、臨終等議題困擾的人，可以從不少網站、書籍和工作坊獲得幫助。但當子女仍在世、不想與父母有任何瓜葛，此時父母難道不該獲得我們的支持嗎？他們必須每天上訴，表明自己是提供子女良好或合理生活條件的父母，才有權感覺自己是個好人嗎？還是如果他們確實犯下嚴重錯誤，就只能用餘生洗滌愧疚和悲傷？必須終生監禁，只有子女能減輕他們的刑罰？

如果子女離世，大家會替你感到遺憾；如果子女不再理你，大家會批評你。至少感覺起來是這樣。那種看法會致使適當表露悲傷、照顧自己，變得非常複雜困難。

我還有一個心得，就是被疏遠的父母需要知道：**善待自己最重要**。當你無法善待自己，你就得不到平靜、快樂，無法復原，找不到未來。你的人生將陷入自我厭惡、自我懷疑、自我憎恨的無盡煉獄。你會遠離那些你愛的或愛你的人；即使你沒有主動遠離他們，他們也會因為你無法照顧好自己，而被你推開。

是什麼妨礙了你？以下是讓人無法善待自己的常見阻礙：

家族史

身為執業心理學家，經驗告訴我，小時候被家人糟糕對待，會讓人難以善待自己。因為如果你在被虐待、忽視、經常被批評或羞辱的環境長大，你可能早在生孩子前就對自己很嚴厲。

除此之外，可能有其他人生經歷導致你毫無理由地相信自己一無是處。包括被同儕、手足或其他人嘲笑、羞辱的經歷，以至於你：

- 對子女的批評較無抵抗力，不利於己。
- 更容易覺得自己活該被拒於門外，甚至被拋棄。
- 更有可能為沒做過的事情自責，或難以區分哪些事起因於你，哪些不是。
- 為了與教養根本無關的事而心生愧疚，深受折磨。
- 被無止境的焦慮或沮喪感折磨。

為人母的阻礙

使妳無法維持心靈平靜的最大阻礙，在於妳認為，當個稱職的媽媽意味著，必須為了自己所犯的任何錯誤，或子女認為妳犯的錯誤而自責內疚。

這並不表示對爸爸們來說，親子疏遠沒什麼大不了——我自己就能立刻證實不是這樣，而且有些男性傾向藉由生氣、社交退縮和心理間隔化（compartmentalization）來掩飾自己的沮喪感，因此讓他們受到的影響看起來比多數男性實際承受的還要小。但男性身分讓爸爸們較容易把重心放在自己身上，更能抵禦愧疚感的支配、積極反抗子女的排斥，比較不會認定自己有義務必須繼續嘗試。

女性並沒有這樣的文化避難所。舉例來說，為人母意味著，妳可能有義務：

- 將自己擺在最後面，尤其牽涉到子女的時候（包括成年子女）。
- 不斷付出，受傷也在所不惜。
- 不問道理，一味犧牲。
- 無時無刻不為子女操心。
- 全心全意照顧子女的幸福，即使對任何人都沒好處，也要堅持到底。

妳看出這些關於理想母親的觀念，如何妨礙妳拋開自責、懊悔和傷心嗎？文化代代傳遞，告訴妳，如果妳沒有前述那些想法，從某方面來說，就是自私、不負責任、沒有母愛，不配為人母。

諷刺的是：當個稱職父母所需要的技能，現在竟然讓你無法善待自己。想要對自己更好一些，你必須擁抱以下這些信念（請印出來，帶在身上提醒自己）：

- 即使不總是考慮到子女，我依然是個好人，也是好爸媽。
- 將自己的幸福快樂排在所有人前面，我依然是個好人，也是好爸媽。
- 將自己放在最前面，不表示我把別人放在最後面。
- 自利（將自己的快樂排在前面，想著什麼能讓我快樂）與自私不同。
- 假如子女選擇不跟我在一起，思考我想如何自己過生活，對我更有益處。
- 不讓子女占據我的心思，可幫助我感受快樂和平靜。
- 為了過去懲罰自己，是在助長我該受折磨的錯誤觀念。
- 我已經受了很多折磨，現在，身為父母和一個人，我選擇喜歡自己。

被疏遠父母的六個常見迷思

迷思一：沒有子女或孫子女參與，我就無法過快樂的人生。

【事實】雖然親子疏遠帶來巨大的傷痛，但最大的阻礙並不是子女不在身邊，而是你的愧疚感、羞愧感和自我懲罰傾向。阻礙來自於你相信，自己當初不僅可以做得更好，也應該要做得更好。

迷思二：被自己的子女拒於門外，證明我是個不值得被愛的人。

【事實】你的價值並不是由子女或其他人來決定的。你的價值與生俱來，你應該以生命全力守護它。

迷思三：我應該要時時刻刻把心思全部放在子女身上，否則我就是個怠忽職守的父母，也是個糟糕的自私鬼。

【事實】執著於親子失和或子女幸福與否，對你的心理健康無益。不讓子女占據你的心思，實際上可幫助你感受快樂和平靜。即使不總是考慮到子女，你依然是個好人，也是好爸媽。

迷思四：要是我沒有做那個決定或犯那種錯，子女的人生就會完全不同。

【事實】也許吧。但父母只是決定子女未來的其中一項因素，有時影響甚至很小。基因、社會階級、鄰居、手足、同儕、文化、伴侶選擇、運氣等因素同樣不可忽視。

迷思五：子女最有資格判定我是怎樣的父母。

【事實】有時候子女是最沒有資格這樣做的人，原因包括：

(1) 他們深受你的前配偶或他們自己的配偶所影響。
(2) 心理疾病導致他們透過扭曲眼光看待你。
(3) 因為心理治療師的說法，他們對於你現在或曾經是怎樣的父母，看法改變了。

(4) 他們用與教養無關的理由來貶低你的價值。他們必須用力抵抗過於依賴父母的恐懼感，向自己證明他們能自立自強。

迷思六：要是我用不同的方式養育他們，或給予幫助，現在就不會被他們疏遠了。

【事實】沒人知道誰以後會疏遠父母，誰不會。有許多父母真的有虐待行為，但子女從未想過疏遠父母；相反地，有許多父母全心投入，子女卻選擇斷絕關係。今天有這麼多一心栽培子女的父母被疏遠，顯示出這屬於更大的社會現象，並不只是任何一名父母的問題。

怒氣與疏遠

怒氣與你亦敵亦友。生氣能讓你知道自己受委屈、生活幸福受到威脅，讓你做好反應的準備。對被疏遠的父母來說，它是一道防火牆，可以用來抵擋曾經或可能繼續傷害你的人。

有句話說：憂鬱是將怒氣內化於心。我認為憂鬱比那更複雜，但無論如何，這句話對被疏遠的父母來說是金玉良言。所以，也許你需要寫封信，給兒子、女兒、女婿、媳婦，或其他對你扣帽子的人，把氣發出來，帶你起身對抗那個說你應該永遠受折磨的聲音。（一般來說，我不建議把信寄出去，自己留著就好。）

另一方面，你也有可能氣過頭，對生活造成負面影響。有以下現象，或許表示你氣過頭了：

- 你覺得自己心中全是怒氣，無法從任何事上感受喜悅。
- 你發現自己開始對人亂發脾氣。
- 怒氣阻礙你和其他子女、配偶、另一半或朋友共度快樂時光。

如果以上描述與你相符，也許表示，你太努力捍衛自己。一般來說，那樣的怒氣底下隱藏著愧疚、自我批判和懊悔。如果你是這群氣過頭的父母，我建議你可以多努力：

• 善待自己
• 原諒自己
• 原諒子女

該如何原諒子女……有必要嗎？

你沒有原諒子女的義務。但若你想，要了解以下這些現實，你才能做到：

• 當你仍然在自我攻訐，便無法原諒子女。
• 當你相信自己應該被疏遠，便無法原諒子女（活該子女對你生氣、讓你傷心和應該被子女疏遠是兩回事）。
• 當你的生活中沒有足夠的快樂、意義或支持，便無法原諒子女。
• 當你質疑自己身為人的基本價值，便無法原諒子女。例如，你曾經被虐待或忽視，難以肯定自身的基本價值。

這是因為要原諒他們，你必須非常清楚，自己不該有這樣的生命創傷。不論身為父母的你犯了多大的錯，也並不表示，子女對你曾經做過或沒做過的事有所不滿，導致餘生再也見不到你的子女或孫子女，對你來說是公平的懲罰。

原諒子女並不表示：

- 替子女的行為或不公平對待找藉口。
- 承諾未來付出更多。
- 你該接受不公平的對待。
- 為了和好，永遠不能表達意見、說出你受的影響（但要請你謹慎行事，一步一步慢慢來，等真的和好以後再說）。

那原諒是什麼？

- 原諒，代表你努力了解子女的疏遠動機。
- 原諒，代表用睿智的情感取代悲憤的心，向需要堅持這麼對待你的子女，展現父母的慈愛。

• 整體來說，比起氣憤，原諒能讓你更好受，感覺更腳踏實地、更能掌控自己的人生。
• 原諒能給人力量，讓別人（尤其是子女）對你心生好感——前提是，你沒有遭人利用，或付出被視為理所當然。

從遠處盡父母的職責

也許你沒那麼幸運，無法與子女和好，或至少被疏遠一陣子了。此時，你的任務是努力全然接受自己在子女生命扮演的角色。一般認為，為人父母就是要給予建議、探訪子女、照顧孫子女、打電話關心子女，透過這類方式，積極主動地照顧子女。但在嘗試積極與子女和解卻失敗後，我們仍然可以被動地盡父母職責。此時我們接受子女不想互動的事實，不拚命抵抗，不道德綁架，不過度投入受害或殉道心理；不論與自身需求分歧多大，都接受子女對拉開距離有所需求。

我們接受，斷聯是給他們時間，去感受自己有別於父母、更獨立自主，比較不會因為父母的打擾、傷害、阻撓，觸發了強烈情緒；也給他們時間，不管在氣哪一點，先想辦法平靜下來，多用點心自我反省，究竟是不是自己反應過度、責怪父母是否合理。另外，若配偶讓子女覺得與你親近是脆弱的表現，斷聯的這段期間，也是一種向子女配偶求和的方式。或者，如果你離婚了，子女曉得前配偶恨不得把你大卸八塊，與你斷聯，則是向另一方父母遞橄欖枝。

我見過好多父母（尤其是媽媽）認為接受為人父母有其侷限，代表自己很糟糕：「我一定可以、應該、必須做些什麼來解決問題。」有時我不得不對他們說：**不，你真的無法做些什麼。至少現在做不了什麼**。那種狀況下，我建議父母至少一年什麼都不做（前提是子女並非未成年人），一年過後再考慮聯絡子女。為什麼是一年？因為時間要夠久，讓成年子女感受到，他們對父母的要求已獲得滿足。此外，父母一年後聯絡子女，就有立場表示：「顯然先前你需要跟我分開一段時間。我聯絡你是想了解，現在你是不是更願意與我展開不一樣的對話？」

交給時間、全然接受，是療癒傷痛的良方。當時間為你創造出足夠的空間，你就有可能換個角度看事情。所以我說從遠處盡父母的職責：子女仍與你積極互動，只不過發生在你看不到、注意不到的地方。

保持健康狀態，從疏遠關係中站起來

新聞總告訴人們要定期運動、睡眠充足、飲食合度、固定做瑜伽或練習冥想、結交支持你的朋友群或建立其他支持人脈，會細數這些事情的重要性，是有道理的：這是擁有平衡生活的必要條件。尤其是，當你想療癒親子疏遠的傷痛時。因為，想要療癒疏遠關係，你必須泰然自若、穩定平衡、充滿韌性地面對持續不斷的傷痛。也就是佛教說的「捨心」（upekkha）。充足的睡眠、合度的飲食、規律的運動和關心你的人，能夠給你需要的資源，在感覺痛苦的當下面對傷痛。

不是每件事都有原因。你被子女疏遠，不是因為你該從中學到重要的一課，讓你更堅強、有智慧之類的。上帝不是要用這場惡夢來教你如何忍受千辛萬苦。你被子女疏遠前，應該已經很能吃苦了。

你被疏遠，是因為好人也會遭遇壞事。縱使你真的做了什麼關於子女的惡劣決定，也不該過著沒有他們參與的人生。若子女無法認同你值得被愛、被接納、被原諒，那麼你必須如華特．班雅明（Walter Benjamin）所說，**在種種不利局面的一絲縫隙裡尋找救贖，並用生命守護它。**

後記

一個人真正的財富，是他如何與人往來，而非物質資產。

——強納森・勞赫（Jonathan Rauch），《大人的幸福學》（*The Happiness Curve*）

我爸媽是最後一代不操心的中產階級父母。他們不擔心父母權威的破壞力，不將自尊繫於是否成功教養兒女，不一心為我造就美好未來。我和哥哥、弟弟看很多電視，早餐就吃下多得驚人的糖分；夏天一早就不見人影，中午騎腳踏車回家吃午餐，然後又跑走，直到傍晚才回家。沒有愛打探、好管閒事的鄰居擅自向我爸媽建議，該如何好好約束我們的行蹤。這是「有毒爸媽」的概念尚未烙印於國人腦海的黃金年代。

我爸媽也有他們自己的生活。媽媽每個星期都會找「好姐妹」（聖殿姐妹會的朋友）打麻將和玩橋牌；夫妻倆每個週末都會出門約會，不用特別說，我們都知道那是「約會之夜」。爸爸週末會到市中心的基督教青年會（YMCA）打壁球，絲毫不擔心我和兄弟們會不會覺得被忽略。我們不會時時記掛著他們，他們也不會時時惦記我們，彼此都很享受這樣的自在。沒有網路廣播節目放送每日恐怖事件：加拿大沙士卡其灣省出現綁架犯、美國密西西比州布恩維爾市兒童遭謀殺、周遭城市的少男少女們即將紛紛成為啃老族。

身為一九五〇年代中期的年輕父母，我爸媽受班傑明．斯波克（Benjamin Spock）的影響，對育兒採取比較寬容放任的態度，不像斯波克之前的行為主義學者所提倡那樣對子女嚴厲管教。另外，雖然爸媽不會打我們，但只要一個眼神，我們就知道，再不乖乖收斂就會吃不完兜著走。爸媽對我們態度親和，但我們知道自己排行老幾，不敢在家裡造次。我們也很幸運，因為即使到了現在，仍有許多父母認為，父母權威給了他們控制子女或身體虐待的資格。

一九六〇年代開始，家庭氛圍慢慢加快腳步，朝友善親和的方向發展。人們重視權利、解放、自我表達，賦予那個年代活潑朝氣，也在美國家庭引起革命和民主化。父母（尤其是中產階級）開始更關心子女的內心世界：培養子女的自尊心、信心、個體性；幫助子女不被愧疚或義務感綁住或以此為行事動機。子女逐漸從不被看見、不被聽見，變成家庭生活的重心。這股趨勢，一路發展至今。

但我爸媽那個年代的中產階級父母不那麼操心，原因是他們比較沒有理由擔心。縱使鄉下地區仍過著使人心酸的貧窮生活，種族歧視仍限制了許多人的機會，但走過經濟大蕭條和戰爭，帶給人們共同的犧牲感和勝利感。種族隔離政策逐漸鬆綁，所得分配日趨公平。除了農業和臨時工作，雇主普遍會提供醫療福利，許多工作保障員工領取退休金。由一人負擔生計的中產階級家庭能讓兩個孩子念大學，而大部分的藍領勞工僅能領取維生工資，念大學並非他們通往成年的必經道路。在當時，假如這些家庭的兒子能夠養家活口，大部分的父母會認為，女兒嫁人以後就有經濟支柱了。

就像氣候變遷悄悄發生，突然加速和惡化；美國家庭那看似美好的未來，正被某些力量暗中破壞著。戰爭後普遍認為一代會比一代好，這樣的共識逐漸消弭於無形。有愈來愈多新的研究指出，工會紛紛解散，基本生活工資、退休金、醫療福利大幅削減，加上伴隨於其中的社會不平等，社會的轉變衝擊了家庭的幸福感和平均壽命。家庭歷史學家史蒂芬妮·昆茲表示，先前世代經濟安全網的潰堤，導致心理安全網接著潰堤。現代子女罹患心理疾病的機率變高了，各社會階級的父母都比從前世代更憂慮。

事情發展並不令人意外。現在面臨被趕出住所的貧窮家庭，比經濟大蕭條時期還多。如今一般雙薪家庭，比一九七五年的工時長了百分之二十六，一年多工作七百小時，比其他西方民主國家的工時都長。

中產階級父母尤其困惑。一方面，他們擁有比我父母那一代所無法想像的奢侈品——住更棒的房屋、開更好的車、擁有電腦和手機——另一方面，為了維持這樣的生活，他們得花更多時間、更辛苦工作，必須取得更多學位和資格證照，也逼子女努力上進。從醫療保險到大學學費，維持安全感的成本急遽攀升，父母們也更替子女的前途憂心。

你可以的！

耶魯大學政治學者雅各．海克（Jacob Hacker）表示，一九七〇年代末期開始發生風險大轉移，從政府和企業作為家庭的後盾，變成由父母一肩扛起。其他國家不像美國急著轉移風險；西方工業化國家幾乎都繼續免費提供或補助學齡前教育、學校營養午餐、大學學費、健康保險、職業訓練和年金。社會不平等程度較低、支持度較高的國家，幸福指數通常較高，主因是他們有更多值得開心的事。儘管人均GDP排名世界第三，美國的兒童幸福感卻只排在令人難為情的第二十六名。其他西方工業化民主國家大多不認為全是父母的責任，而是相信社會給父母的協助才是關鍵。

美國精神裡始終有強烈的個人主義，但經常有共同使命感和團結奮鬥精神點綴其中。這一點也正在轉變。社會輿論從相信所有人是一體的，轉變為政府是我們的敵人；關鍵在於個人責任，無法成功乃是個人缺陷。

隨著機會減少，每個人都說成功是個人責任，文化也更是強調尋找幸福的重要性。父母日益成為子女人生成就的替罪羔羊。人們不再注重，通往安穩未來的社會和經濟途徑遭受破壞的事實。

引導人們過快樂生活，這樣一個似乎永不滿足的需求，讓自助產業的產值來到將近一百億美元之譜。心理治療和自助經常要人選擇親近或遠離某些對象。社會學家安德魯・謝林（Andrew Cherlin）在《婚姻的周旋》（*The Marriage-Go-Round*）指出：「身為二十一世紀的人，你必須選擇自己的個人生活風格。你被允許（其實幾乎是不得不）持續檢視自我意識，向內探索內心世界是否與婚姻或同居生活相稱。倘若兩者已經不大合適，你就幾乎不得不離開……再也不符合需求的關係是虛假空洞的關係，限制了個人所能獲得的益處。」謝林講出了許多人現在對廣義家庭關係的看法。假如家庭關係限制了你所能獲得的益處，你需要從中脫身。當你辦不到，那是缺點的象徵，也是生性懦弱和失敗的象徵。

社群媒體成為強大的平臺，放送有時具破壞性的個人主義訊息，並且讓人不需要像面對面互動那樣付出承諾，輕輕鬆鬆就能與他人往來。在社群媒體出現前，我們怎麼看待自己的家人，只有兄弟姊妹或其他親朋好友能品頭論足。如今，數不清的網路論壇，隨時等著論斷家人對你有害，告訴你不論好壞都應該要擺脫家人。這些論壇會告訴你，父母是不是自戀狂、有邊緣型人格，或是不是有毒的父母；會告訴你，成年子女是不是懶惰蟲、草莓族或太自以為是。

社群媒體和網路論壇就像某種心神狀態失常的親戚，會一味贊同和肯定那些難相處的家人使我們受苦了。但他們並不是了解內情或切身相關才提出主張的親人與至交好友。論壇回應了我們走投無路的情況下，最想得到的肯定和寬慰。就像某種群眾外包，資金是概念性的，是一種文化氛圍，是人們所相信的、健康家庭關係的構成要素。但這些「社群」的部落特性，經常引起美國人家庭失和，一如壁壘分明的政治氛圍。

沒錯，對家抱持高期望很重要，它能促使我們仔細思考最深層的價值觀，並與反映相同原則的家人為伍。它能幫助我們分析身分認同的組成，請我們深愛的人更體貼我們的需求、情緒和心中抱負。現今許多父母多半能與成年子女正向互動，證明了這麼做有用，也證明了，讓家更民主、更平等的成果。

與此同時，高期許也可能讓家庭關係更脆弱。我們會因此要求更高，因家人沒有給予更多而生怨。高期許可能會去彰顯自立的迷思，吹捧單打獨鬥的精神，讓我們看不見，想要幸福快樂、活出意義和健康，需要與其他人往來互動；這些其他人，往往也包含了我們的家人。離婚、親子疏遠和孤獨感的比例不低，證實了這點。

也許更重要的一點，在於用個人主義的羅盤尋找幸福，不一定能指引我們獲得最高的滿足感。露絲・惠普曼在著作《為什麼我們拚命追求幸福，卻依然不快樂》（*America the Anxious*）中指出：「幸福變成要向內探求，並與個人歷程和獨自往前衝刺密切相關。」但許多研究發現，愈是主動積極追求幸福，想要尋找個人的意義與成就，可能過得愈不開心；你更容易感到孤獨憂鬱。相反地，在將幸福定義為社會參與而非個人目標的國家，積極追求幸福能讓人活得更快樂。令人不禁好奇，在被丟棄的關係這個墳場上構築我們的幸福，真的明智嗎？

我經常在訪談中被問到，親子疏遠是好是壞、是否情有可原。每天在診間與哭泣的被疏遠爸爸媽媽坐在一起，我的結論是，那些問題問得不對。應該要問：當你知道父母的人生即將被摧毀，斷絕關係是對的嗎？不論父母有什麼缺點或做錯了什麼，不論情節是大是小，是會引致創傷、還是人之常情，當斷聯會帶給他們無止境的心痛、失落和羞愧，斷絕關係是對的嗎？當那份嚴重程度更勝於真的失去子女的失落，會造成永無休止的憂鬱與折磨，斷絕關係是對的嗎？

人們常說：「是啊，他們生小孩前應該要想到這些。」也許吧。可是這句話有許多前提。是否每個人都有能力，在生小孩前預料到自己或子女將會遭遇的挑戰？他們能提前知道配偶以後可能會背叛他們，或讓子女與他們反目成仇嗎？他們難道會知道，自己的童年傷口仍繼續肆虐，讓無辜的子女像跟自己小時候一樣，被受過創傷的父母狠狠所傷？他們是否可能知道，子女本身的脾氣、個性、注意力會帶來挑戰，讓當個稱職的父母變得難如登天，且不管是誰，都無法提出像樣的警告？

美國人重視個人需求和權益，導致我們看不見彼此承受了多少悲傷。我知道，許多成年子女努力嘗試已久，才決定與父母斷絕關係。我在診間見過許多這樣的例子。但我也看見許多沒有嘗試很久，或根本沒有努力改善關係的成年子女。他們拒絕給父母機會去修補關係，或建立讓成年子女及其配偶感覺健康、尊重的關係。

因此，沒錯，有時候我們不難理解為何成年子女選擇斷絕關係。有些父母從頭至尾非常傷人、冥頑不靈、不尊重成年子女的需求，導致他們除了離開，別無他法。有些父母則在子女小時候極具破壞性，即使後來能夠或願意彌補，也幾乎沒有奠定良好關係的可能了。

但不要把這件事變成某種分配正義。請不要認為，父母親失職了（而關於何謂失職，已愈來愈難以量化），成年子女就有權讓父母的人生永遠慘澹無光。**無論親子疏遠多麼合情合理，都請不要主張，被子女疏遠是父母活該。**

社會需要有不一樣的對話。在這樣的對話中，父母必須對子女過去的傷感同身受；子女必須同理，將父母排除在生活圈外，將對他們造成傷害。

寫這本書的時候，我的腦海裡有兩種聲音。一隻耳朵聽見成年子女請求父母給予理解和關心，堅持自己需要且有權斷開對其幸福有害的父母親。我聽見，他們要求，不要過度簡化他們內心的掙扎，以及他們對符合其價值觀與感受的人生所抱持的熱烈渴望。他們說，不要將那樣的渴望，嚴厲地理解為自以為是或自私。

另一隻耳朵聽見，父母感覺被不公平地拋棄。本來以為子女和孫子女會永遠陪伴在側，卻被拒於門外。我希望幫助他們理解，少了他們認為帶來幸福的關鍵人物，在仍然活得下去的情況下，能如何讓生活有意義。我要挺身而出，在他們感到被醜化和孤獨寂寞的世界裡，為他們發聲。

身為家庭治療師，我知道，親子雙方可以學會傾聽彼此的聲音。但我也知道那要付出多少努力。當父母學到了新的溝通方式，能夠做到尊重子女的需求和觀點，以及子女的感受與目標，就更有可能化解雙方的疏遠。能夠彌補錯誤、由子女的觀點看待自己的父母，更有可能牽動子女的同情，讓他們願意繼續努力改善關係。比起收到「看開一點、不要再去想了」這樣的建議，願意花時間讓子女感受到被理解的父母，將表現得更好。

當成年子女能接受父母說自己盡力了，而非對他們的心聲不屑一顧，也許會在父母身上看見不曾見過的另一面。比起始終批評的子女，能夠同理父母沒有能力或難以說出心中感受的人，將會發現父母們已逐漸練習傾聽。正如我們會不斷成長、改變、發現自己的新面貌，父母或許也比我們所想像的更能成長與改變。

梅根．達姆（Meghan Daum）在《一切皆有問題》（*The Problem with Everything*）中表示：「我們要知道，否定一個人的複雜性和矛盾，就是否定他們的人性。」對父母、成年子女、親密伴侶、朋友展現關懷同情很有幫助，除了讓我們更有適應力，也讓我們更能清楚地認識他們——了解到，雖然他們用的是笨拙或無效的方式，卻是在試著關心我們；了解他們也不清楚自己的掙扎；了解他們如何帶著往事，艱辛地走到現在。雖然許多人說，同情曾經傷害你的人難如登天，但也有人發現，這麼做能讓自己獲得意想不到的解脫。他們知道自己和其他人沒什麼不同。只要是人，都有某種程度的瑕疵、破碎與傷痛；只要是人，都極度渴望被他人理解。

致謝

首先，要感謝在哈莫尼出版社（Harmony Books）協助我的優秀編輯米薛兒・伊恩柯利克（Michele Eniclerico），在這本集理論、研究、勵志自助和一點個人回憶為一身的書上，看見了當中的價值。謝謝她教我收斂文筆的時機和方法，並允許我在想大展身手時盡情書寫。由衷感謝我的經紀人海倫・齊默曼（Helen Zimmerman）快速將內容可觀的出書提案，整理成能吸引出版社的文稿，不讓他們被繁多的內容嚇跑。謝謝她在尋找合適的出版社時，一路上付出的時間，以及為我提供的指引。

這二十年來，美國當代家庭研究協會（Council on Contemporary Families）的好友與同事一直是我的靈感和支持來源。歷史學家史蒂芬妮・昆茲不僅讀過本書每一章書稿，更在初稿階段如大家所說「冷酷地」編修亟需調整的文句，只為確保書中歷史推論有憑有據。這樣一位細心監督的把關者，我再也想不到比她更合適的審稿人選了。菲爾・考恩（Phil Cowan）與卡羅琳・考恩（Carolyn Cowan）在許多方面提供了幫助。首先，他們協助我建構由一千六百二十一名被疏遠父母完成的問卷調查。另外很重要的一點，是他們針對每一章，分別給了我詳細的提點。菲爾與卡羅琳對心理學領域貢獻良多，他們的幫忙，我終生銘感於心。法蘭克・福森堡（Frank Furstenberg）大方協助修潤文稿，並與我會面討論內容。他幫助我處理及修正，書中所提及、有時與社會學研究不一致的臨床意見。謝謝社會學家寶拉・英格蘭（Paula England）、伊娃・易洛斯、芭芭拉・里斯曼（Barbara Risman）、珍妮佛・席爾瓦、茱蒂絲・史泰西（Judith Stacey）、艾美・沙萊特，透過與我親自見面或電話溝通，給予寶貴的洞見及觀點。歷史學家寶拉・法斯、史蒂芬・敏茲、史蒂芬・文森（Steven Vincent）慷慨地挪出時間，協助我從歷史觀點出發，找出親子疏遠關係的問題。我能夠獲得他們的協助，實在很幸運。

另外，郭怡慧在撰稿期間毫不吝嗇地給予我支持與批評指教。感謝她提供想法，以及鼓勵我在書中多放一些親身經驗。我十分敬佩她的寫作功力，非常感謝團隊中有她的身影。

誠摯地感謝唐納基金會（Donner Foundation）的維吉妮雅・羅斯福（Virginia Roosevelt）主動與我接洽，贊助親子疏遠的研究。有他們慷慨解囊，我才能設計並推動調查。這是目前為止，規模數一數二的親子疏遠調查。非常感謝威斯康辛大學研究中心（University of Wisconsin Survey Center）的凱莉・艾佛（Kelly Elver）、約翰・史蒂文森（John Stevenson）、奈森・瓊斯（Nathan Jones）為研究出力。特別感謝奈森協助我打造及實施問卷調查，並處理這一千六百二十一份問卷。他不辭辛勞地回答和解決我提出的許多問題，我從他身上學到很多。

我和哈爾・考克斯（Hal Cox）、約翰・艾瑞克森（John Ericson）、布魯斯・歐尼斯柯（Bruce Onisko）一起組成科學書籍讀書會十五年了，他們經常提供點子跟我討論，一直支持著我。成立三十餘年的柏克萊加州大學之家讀書會（UC Berkeley Family Book Group）幾年前邀請我加入，他們給予成員豐富多元的想法和獎助金，使我獲益良多。

我要謝謝貝卡・布蘭德讀完整篇書稿，謝謝她的意見和友情，以及與我一起推動計畫，促進社會大眾對家庭疏遠的意識。深深感謝發展心理學家露西・布萊克在交稿大限逼近前，神速地為手足關係那一章提供建議——非常感激有她給我意見。感謝麗茲・貝茨（Liz E. Bates）與我談論她對戀愛關係中「親密恐怖主義」（intimate terrorism）的研究。特別感謝心理學家戴安・艾倫賽夫特在性別身分認同和轉換章節提供彌足珍貴的意見。她是該領域的佼佼者，感謝她的清晰洞見和豐富學識。布萊恩・路德默與詹姆士・卡爾律師針對想要反擊疏遠的父母面臨到的法律挑戰，提供深刻見解；彼得・邁爾斯律師針對疏遠關係中的諸多遺產規劃難題，提供寶貴洞見。創立被疏遠祖父母匿名組織的亞曼達（Amanda），一直是祖父母們面臨祖孫關係切斷的創傷時，可獲得鼓勵與相關資訊的來源。謝謝你從不停止擁護理念。深深感謝瑪莎・梅爾（Marsha Mayer）及海倫・威爾森（Helen Wilson）針對親子疏遠與親子離間提出獨到的見解。

我從心理學家潔米・艾德蒙（Jamie Edmund）身上學到很多。她是我在前言提到的諮商師。我向她徵詢執業建議超過二十個年頭了，我們直到現在都還會每週見面談話。她的智慧與想法融會貫穿我的每一本著作。多年來，她領著我站在理解、關懷、同理的基礎上，以獨到的眼光看待人性。

大家說，你最要好的朋友定義了你是誰。看來我有相當豐富的人脈。馬蘇德・巴達克珊（Massoud Badakshan）、潔西卡・布羅特曼（Jessica Broitman）、湯米・克雷莫（Tommy Cramer）、丹・費汀（Dan Fitting）、喬爾・克萊默（Joel Kramer）、約翰・坤茲（John Kunze）、馬克・萊文（Mark Levine）與麗莎・萊文（Lisa Levine）、賽斯・尼曼（Seth Neiman）、珍妮佛・帕蘭吉歐（Jennifer Palangio）、保羅・皮勒特里（Paul Pilliterri）、理查・蘇利文（Richard Sullivan）、薛莉・巴辛—蘇莉文（Shari Bashin-Sullivan）、瑪麗・席爾維亞（Mary Sylvia）、凱薩琳・文森（Katherine Vincent）對我來說都是家人。因為有他們，我的人生才能過得更加有趣、更加豐富，也更有意義。

非常感謝我的哥哥和弟弟，總是像朋友一樣陪伴在我身邊，也謝謝我視如親姊妹的表親。

當然，我也要向結縭三十餘年的妻子艾麗・史瓦茲曼（Ellie Schwartzman）獻上至深的愛與感謝。她耐心聆聽我像著了迷一樣，不停談論哪些內容應該或可以加入書中、予以刪除、重新構思或考慮添加進去。家中有另一位心理學家幫助很大，尤其是一位如此善良敏銳的心理學家。

謝謝我三名已長大成人的子女和我的孫子，一切盡在不言中。特別感謝女兒跟我和好。所有曾經被疏遠的父母都曉得，再也沒有比子女願意和好更美好的禮物了，我將永遠對此充滿感謝。

最後，謝謝讀者。願你們能找到與子女、孫子女團聚的路，重拾快樂時光。

國家圖書館出版品預行編目資料

離巢的孩子，被分手的父母：當成年子女離巢又離心，如何各自獨立，又能遠遠關心？ / 約書亞 · 柯曼 (Joshua Coleman, PhD) 作；趙盛慈譯．-- 初版．-- 臺北市：三采文化股份有限公司, 2023.09
面；　公分
譯自：Rules of Estrangement: Why Adult Children Cut Ties and How to Heal the Conflict
ISBN 978-626-358-155-5(平裝)

1.CST: 家庭關係 2.CST: 親子關係 3.CST: 親子溝通 4.CST: 衝突管理

544.1　　112011571

suncolor 三采文化

Mind Map 259

離巢的孩子，被分手的父母

當成年子女離巢又離心，如何各自獨立，又能遠遠關心？

作者｜約書亞 · 柯曼（Joshua Coleman, PhD）　譯者｜趙盛慈
編輯三部主編｜喬郁珊　責任編輯｜吳佳錡　校對｜黃薇霓
美術主編｜藍秀婷　封面設計｜李蕙雲　內頁版型｜李蕙雲
內頁排版｜菩薩蠻電腦科技有限公司　版權副理｜杜曉涵

發行人｜張輝明　總編輯長｜曾雅青　發行所｜三采文化股份有限公司
地址｜台北市內湖區瑞光路 513 巷 33 號 8 樓
傳訊｜TEL：（02）8797-1234　FAX：（02）8797-1688　網址｜www.suncolor.com.tw
郵政劃撥｜帳號：14319060　戶名：三采文化股份有限公司
本版發行｜2023 年 9 月 28 日　定價｜NT$450